+++ MATZ aus Jena

Drei Tage &
ein Leben

von Tino Strempel +++

2. Auflage
Papendorf 2021

Satz und Layout: Peter Laurat
Druck: epubli – ein Service der neopubli GmbH, Berlin

+++ Dies ist die Geschichte dreier Apriltage des Jahres 1981. Sie handelt in einem Land, dessen Grenzen mit Mauer und Stacheldraht umgeben sind. Menschen haben sich eingerichtet, leben ihr Leben im Rahmen der Möglichkeiten. Junge Menschen fragen sich, ob das so sein muss, wie es ist. Wie das immer so ist, mit den jungen Menschen. Auch heute. Und das ist gut so.

Damals war es nicht gut so. Es war gefährlich. Lebensgefährlich. Die Hochzeit des Kalten Krieges zwischen Ost und West. Der trennte nicht nur politische Lager und Nationen – er lebte unter den Menschen, sprach von Freund und Feind, von Gut und Böse, von Entweder und Oder.

Ich selbst bin 1969 geboren, in dem Land und in der Stadt Jena groß geworden. Als ich 12 Jahre alt war und ein Foto von Matthias Domaschk und die Nachricht von seinem Tod in der Untersuchungshaftanstalt der Staatssicherheit in Gera im Westfernsehen sah und hörte, war ich geschockt und fragte mich, was da wohl geschehen war. Dieser junge Mensch sah so friedlich aus. Er wurde erhängt aufgefunden. Warum hatte er sich erhängt? Oder wurde er gehängt? Was war geschehen? Was hat ihn dazu getrieben? Was hat die Stasi dazu getrieben? Was hatte er getan? Warum hatten sie ihn verhaftet? All diese Fragen stellte ich mir und sah danach die Lebensverhältnisse, die Schule, die Erziehung, die Politik des Staates mit anderen Augen. Mit keinem konnte ich als Jugendlicher darüber sprechen.

Als ich vor einigen Jahren am Historischen Institut in Rostock arbeitete, befand sich mein Büro in der ehemaligen U-haft der Stasi in Rostock. In meinem Büro saßen die Gefängniswärter. Die Seminarräume waren die ehemaligen Dienst- und Verhörzimmer. Da erinnerte ich mich an die Geschichte. Ich begann zu forschen. Matthias' Freunde und besonders seine ehemalige Freundin Renate Ellmenreich hatten sich um Aufklärung und juristische Aufarbeitung bemüht. Die Vernehmer wurden wegen Anstiftung zur Freiheitsberaubung zu Geldstrafen verurteilt. Die höchste lag bei 100 Tagesätzen a 40 DM, also insgesamt 4.000 DM, heute 2.000 Euro. Schlimmer noch als diese lumpige Summe war, dass keiner wirklich gesprochen hat. Dass keiner sich entschuldigt hat. Dass keiner zur Aufklärung beigetragen hat. Denn dieses wäre so wichtig: Aufklärung. Offenheit. Ehrlichkeit. Dann könnte vielleicht diese Geschichte verarbeitet werden. So kann sich wieder keiner erinnern und wir bleiben einander fremd im eigenen Land, unfähig, über eigene Taten, eigene Fehler, eigene Wege und Irrwege, eigene Ängste zu sprechen.

Dies ist die Geschichte dreier Apriltage des Jahres 1981. Sie versucht darzustellen, was in diesen Tagen bei den Verhören geschehen sein könnte. Was die Geheimdienstler taten. Wie sie handelten, um an Informationen zu kommen. Wie sie einen Menschen, in ihren Augen ein Feind, in die Enge trieben. Was Matthias Domaschk erlebt hat, was er gedacht und gefühlt hat in dieser ausgelieferten Situation. Alles, was hier geschrieben steht, kann so passiert sein. Einige Namen sind Namen von Menschen, die leben oder gelebt haben. Sie haben mir erzählt, ich habe geforscht, recherchiert, gelesen. Und selbst gelebt und erlebt.

Die Akten des Geheimdienstes, Lebensberichte von Menschen, deren Namen hier auftauchen und eigenes Erleben sind Grundlage der Geschichte. Eine ausgedachte, eine reale Geschichte. Beides. Das Ausgedachte berührt stets die Wirklichkeit. Eine Wirklichkeit. +++

+++ Tag I

+++ Kapitel 1

Matz und Blase hatten sich frei genommen, waren mit dem Moped von Jena zur Saaletalsperre gefahren. Ein Zelt dabei, Isomatten, Schlafsäcke, Kocher, Kaffee, Brot, Käse & Zigaretten und jeder ein Buch – was man so braucht. Sie fuhren gerne in diese Gegend. Eine Art Fjordlandschaft, wie in Norwegen. Tiefe, eingeschnittene Täler, Felsen und Wald und Wasser, so weit das Auge reicht. Es war noch kalt. Doch Matz musste ins Wasser springen, schwamm wie ein Wilder, um die Kälte abzuschütteln, rannte am Ufer umher, um warm zu werden, rieb sich mit dem Handtuch ab, zog sich alles an, was er hatte und setzte sich zu Blase an den Kocher vor dem Zelt. Goss sich Kaffee ein und hielt die Alutasse in seinen Händen wie einen heiligen Gegenstand. Blase lag da und las. Matz schaute versonnen auf Wasser und Wald, stellte die halbleere Tasse ab, holte aus seinem Rucksack Papier und Stift[1].

[1] Alles, was Matz sagt oder denkt ist kleingeschrieben; er selbst hat das so gemacht, z.B. in seinen Briefen.

liebe Stine,

ich bin so gerne hier draußen. wir müssen mal zusammen herfahren. die porte, ein kleiner bach, rauscht hier den berg runter. das wasser ist glasklar, du siehst auf dem grund diese blankgeputzten schiefersteine und die forellen kannst du mit bloßen händen fangen. die stehen da völlig entspannt im wasser, mit dem kopf gegen die strömung und ab und an wedeln sie mit der schwanzflosse, um nicht abzutreiben. wir zelten hier im tal, wo der bach in den see mündet, auf einer kleinen wiese, unter alten weiden, deren lange haare bis ins wasser hängen, sich im bach treiben lassen bis zum see. dem see, der ja keiner ist, sondern ein aufgehaltener fluss. aufgehalten durch eine sperre im tal, eine riesige betonmauer. aber das weißt du ja. und die gegend, wo ich grad bin, heißt portenschmiede, weil die porte hier reinfließt und weil hier mal eine schmiede war. genauer gesagt ein kleines dorf: eine schmiede, eine kirche, ein wohnhaus, ein stall, eine scheune. und darüber bin ich grad geschwommen. kurz nur, denn das wasser ist noch eisekalt. es war gespenstisch. ich überlege immer, ob da noch jemand ist? zehn meter unter mir. ich schwimme hier oben und denke, alles ist in ordnung, alles ist gut, aber wenn ich genauer drüber nachdenke, ist unter dieser oberfläche noch was ganz anderes ... die leute, die da gelebt haben – ob sie ein schönes leben hatten? bestimmt gehörte der familie die schmiede schon viele generationen. und da kommt so ein staat daher und sagt, so leute, das war‘s, wir brauchen strom, wir müssen hier das wasser anstauen und ihr müsst leider weg. strom für eine fabrik, für rüstung, für waffen, für krieg. ob sie das eingesehen haben? ob sie sich gewehrt haben? ob sie demonstriert haben? ob sie einfach umgezogen sind, ein paar hundert meter weiter nach oben auf den kamm des berges? und was machen wir? bleiben wir und sehen zu, wie das wasser uns bis zum hals steigt, höher und höher, bis wir uns entschließen mitzuschwimmen? oder fortzugehen? aber nicht nur den hang rauf. weit fort. auf nimmer wiedersehen. ich bin so froh, mit dir zusammen zu sein und dass ich blase habe und richard und unsere anderen freunde und die junge gemeinde. andererseits ist alles so schwer in diesem land, als läge blei auf seinen schultern. eine eigene dumpfe, abgedämpfte welt, getrennt von allen andern. du hast es gut, weil du glaubst und eine welt hast in der kirche, der du trauen kannst. ich fühle mich wie ein ausgestoßener und suche und suche. bin ich denn so verquer? Ich werde vater und sollte wissen, wo ich hingehöre. ich freue mich so auf unser kind. ob es ein mädchen wird? oder ein junge? ich will leben und unterwegs sein und in andere flüsse eingehen und später dann ins große meer. ich liebe dich und freue mich auf dich. bald komm‘ ich nach hause.

dein matz

„Ej Matz, bist du endlich fertig? Was schreibst du eigentlich die ganze Zeit? Schreibst du wieder alles klein? Das ist echt nervig beim Lesen. Wir müssen los man, in zwei Stunden fährt der Zug nach Berlin. Ich hab jetzt das ganze Zelt alleine eingepackt.“

Er hatte beim Schreiben nicht bemerkt, wie die Zeit vergangen war. Auch nicht, was Blase da machte.

„ooch, du armer, musste weinen ..."

Matz stand auf und wuschelte in Blases Locken rum.

„Sei bloß still, man. Und hör auf, mir in den Haaren rumzumachen, als wär' ich ein Streichellöwe im Zoo."

Matz machte weiter. Da packte Blase zu, umklammerte ihn und riss ihn zu Boden. Das ging recht schnell, denn Blase war ein Bär mit großem Bauch und Matz dagegen ein Spargel. Sie kappelten sich eine Weile und Matz kicherte und brüllte, weil er so kitzlig war.

„ist gut dicker, lass ab, ich geb' auf. lass' uns zu ende packen und dann losfahr'n."

Rauf auf die Schwalbe und ab. Eine tolle Strecke für Mopeds und Motorräder fuhren sie, eine Kurve an der andern. Sie legten sich rein. Ihre Helme saßen wie umgestülpte Eimer auf ihren Köpfen. Die langen Haare fielen unten raus, flatterten im Wind und freuten sich. Bei Blase quollen die Locken aus dem Eimer – es sah lustig aus.

Die Landschaft flog vorbei. Forsythien strahlten gelb, Apfelbäume standen kurz vor'm Aufblühn und die Dörfer, durch die sie fuhren, putzten sich. Meist, wenn sie nach Jena reinfuhren, sahen sie von fern den Nebel, der in der Stadt lag. Nebel oder besser Smog, der entstand, weil die Stadt mit Kohle heizte, oft billiger Braunkohle, die einen schweren schwefligen Rauch aus den Schornsteinen blies. Dazu kamen die Wartburgs und Trabis, die mit bleihaltigem Benzin fuhren. Hinzu kamen die Jenaer Glaswerke ‚Schott und Genossen', wo mit viel Energie Glas geschmolzen wurde. Hinzu kam Jenapharm, die „Tablettenbude". Hinzu kamen die Carl Zeiss Werke, die ja auch geheizt werden mussten. All diese Abgase sammelten sich in dem Kessel – denn die Stadt hat sich in ein enges Tal gepresst.

Vor einigen Jahren zogen Matzes Eltern hierher, in diese Stadt, in eine Plattenbausiedlung, in der zwanzigtausend von hunderttausend Menschen wohnten. „Arbeiterschließfächer" sagte der Volksmund dazu – aber nur leise, hinter vorgehaltener Hand. Matzes Vater, ein Ingenieur, hatte ein gutes Angebot von der Weltfirma Carl Zeiss Jena bekommen. Sie zogen in dieses Neubaugebiet, in eine Vierraumwohnung, oder wie man auch dazu sagte: Zwei-Zwei-Halbe. Da gab es einen kleinen Flur, eine Toilette, ein großes Wohnzimmer und ein großes Schlafzimmer für die Eltern und dann zwei kleine Kinderzimmer, mit jeweils ungefähr sieben Quadratmetern. Die Durchschnittsfamilie hatte zwei Kinder, deshalb wurden die Wohnungen so gebaut. Seine Eltern schwärmten immer davon, dass man den Wasserhahn aufdreht und es kommt immer heißes Wasser raus. Und die Klospülung und der Balkon und und und. Wie Eltern so sind. Wie das so ist, wenn man vorher in einem Altbau gewohnt hat, Plumpsklo halbe Treppe runter im Flur. Matz war das nicht so wichtig. Er fand die „Durchreiche“ toll – in der Wand zwischen Wohnzimmer und Küche war ein Fenster – dort konnte man das Essen durchreichen und das Geschirr. Obwohl einen Meter weiter die Tür war und dann gleich das Wohnzimmer. Aber egal. Matz fand das irgendwie pfiffig.

Er verstand sich nicht besonders gut mit seinen Eltern. Das heißt, mit seinem Vater. Mit achtzehn zog er aus, wohnte seitdem mit Stine zusammen, mitten in der Stadt, in einem Altbau, Klo halbe Treppe, in der Nähe der Saale und in der Nähe der Eisenbahnschienen. Die Züge fuhren dort von Nord nach Süd, nachts donnerten die Güterwagen vorbei. Aber eine eigene Wohnung ist eine eigene Wohnung. Und die Züge fuhren vorbei und Matz stellte sich oft vor, dort einfach aufzuspringen und mitzufahren bis zum Ende – in jeder Richtung wartete ein Meer auf ihn.

So sah das aus. Und jetzt war er mit seinem Freund Blase unterwegs und kam gerade über die Saale und um die Ecke gefahren: Ankunft zu Hause.

„mach‘s gut, dicker. bis nachher.“

Er nahm seine sieben Sachen und stürmte zum Haus, öffnete die große Tür mit einem Fußtritt und rannte polternd die alte Holztreppe hoch. Ohne zu klopfen schlich er sich rein. „Hey

Matz, man hast du mich erschreckt – schön, dass du kommst ...“

„ich muss gleich wieder los, unser zug fährt in einer halben stunde.“

Sie schlang ihre Arme um seinen Hals, sah ihm in die braunen Augen und schmiegte sich in seinen offenen Blick. Ihre langen Haare, die an den Seiten herabfielen, bildeten einen kleinen Vorhang, als sie ihre Köpfe gegeneinander neigten und die Nasen sich berührten.

„Du willst schon wieder fort?“

„ja weißt du doch, nach berlin, zur geburtstagsparty. schade, dass du nicht mitkommst.“

Ihre Nasen berührten sich leicht und ihre Lippen suchten einander.

„Aber ich kann doch nicht, du weißt doch, dass ich den Gottesdienst noch mit vorbereiten muss. Du fehlst mir. Bleib doch.“

„ach stine, komm, wir seh‘n uns ja wieder. du fehlst mir auch. schau, ich hab dir an der saale einen brief geschrieben.“

Er zog den Brief aus seiner Jackentasche und reichte ihn Stine. Ihre Augen nahmen den Brief sanft entgegen. Sie küssten sich, Matz fühlte den Bauch, diesen großen runden festen Ballon, in dem ein Mensch heranwuchs. Er kniete nieder, schob den Pullover vorsichtig rauf. Das war leicht, weil er spannte. Vorsichtig strich er mit beiden Händen vom Nabel zur Seite hin, legte sein linkes Ohr an, etwas unterhalb des Nabels, lauschte und küsste den Bauch.

„er atmet. ich höre seinen atem."

„Quatsch, das gluckert nur, das ist das Fruchtwasser."

„ich glaub' es wird ein junge, ist so ein gefühl."

„Ich glaube, es wird ein Mädchen. Da, das Füßchen, sie stößt mit ihrem Füßchen an, da fühl mal – merkst du das?"

Sie führte seine Hand an die Stelle auf ihrem Bauch.

„ja. er will raus. er will sich bewegen, frei bewegen, an die frische luft, raus da, aus der dunkelheit ins helle."

„Du Spinner. Sie weiß doch gar nicht, dass es ein Draußen gibt. Es ist warm, sie hat zu essen und zu trinken, sie fühlt sich wohl und bewegt sich."

„und woher weiß er, wann es zeit ist? zeit nach draußen, ans licht der welt zu kommen?"

„Keine Ahnung. Sie spürt das. Wenn sie zu groß wird, wenn

es zu eng wird, wenn der Moment da ist, wird sie loslegen und sich auf den Weg machen. Auf ihren Weg. Es ist ihr Geheimnis, wann es losgeht und wohin."

„und wir begleiten ihn, gemeinsam begleiten wir ihn, zeigen ihm die welt, erklären alles, was wir erklären können und lieben ihn mehr als alles in der welt."

„Ja, so ist es, mein Lieber. Gemeinsam begleiten wir sie, zeigen ihr die Welt, erklären alles, was wir erklären können und lieben sie mehr als alles in der Welt."

Steine flogen ans Fenster. Blase machte Druck. Sie wollten zum Bahnhof, zum Zug nach Berlin. Matz stand langsam auf, Stine ansehend und öffnete dann das Fenster.

„Wir müssen los Matz, komm' runter", rief Blase ihm zu.
„mach nich' so'n stress. muss mich doch in ruhe verabschieden."

„mach's gut, meine schöne. sonntagabend bin ich wieder da."

Er war gerne unterwegs. Es war FreiSein, so umherzuziehen tat gut. Dennoch hing er immer an den Menschen und den Dingen, die er verließ. Jetzt, in dieser Umarmung, fühlte diese Schwere aufsteigen, so eine dunkle Schwere in seinem Inneren:

‚es ist nicht leicht, sich zu lösen, wenn du so fest umarmt wirst und es echt ist und sich so richtig gut anfühlt. es ist nicht leicht, es ist schwer, sehr schwer. da erscheint der abschied wie ein kleiner tod. aber ich will nicht übertreiben und blase wartet unten und blase ist ein freund und ein freund ist ein freund und eine freundin ist eine freundin und ein wort ist ein wort …‘

Und los ging‘s. Sie brauchten nur eine Viertelstunde zu Fuß bis zum Bahnhof. Sie kauften Fahrkarten, rauchten noch eine, gingen gemütlich auf den Bahnsteig und stiegen in den Zug. +++

+++ Tag I
+++ Kapitel 2

Fern von dieser kleinen Stadt, in Berlin, herrschte Hochbetrieb. Die Partei, die das Land regierte, veranstaltete einen großen Parteitag[2]. Da durfte nichts dem Zufall überlassen werden. Es durften keine Demonstrationen stattfinden. Es durfte keine Kritik ans Tageslicht kommen. Dafür sorgte die geheime Polizei – die Staatssicherheit. Sie beschloss, dass alle diejenigen, die von ihr beschattet wurden, in der Zeit des Parteitages auf keinen Fall nach Berlin einreisen durften. Der Befehl lautete wie folgt:

„Befehl 01/01. Für die Zeit des X. Parteitages erhöhte Einsatzbereitschaft in allen Dienststellen des Ministeriums des Inneren. Keine Operative Personenkontrolle darf während des Parteitages nach Berlin einreisen. Verdächtige Personen sind festzunehmen und zu verwahren. Die Bezirksverwaltungen organisieren die Festsetzung der Personen, stellen Fahrzeuge und Turnhallen für Inhaftierungen bereit.“

---

[2] X. Parteitag der SED, fand vom 11.041981 – 16.4.1981 in Berlin statt.

Fahrzeuge und Turnhallen für Inhaftierungen! Turnhallen! Sie hatten große Angst vor ihren Mitmenschen; es ging nicht um einen Keller einer Polizeidienststelle – es ging um Turnhallen! Hunderte planten sie ein für eine Festnahme. „Operative Personenkontrolle“ war der Begriff für die Überwachung und Bespitzelung von Menschen.

In Wirklichkeit war alles ruhig. Fast alle gingen in Ruhe ihrer Arbeit nach, fast keiner war arbeitslos. Nur ganz wenige Menschen trauten sich, die Politik der großen Partei zu kritisieren, ihren Anspruch auf alleinige Wahrheit anzutasten.

Das heißt, sie wollten meist einfach ihr Leben leben, die Musik hören, die sie hören wollen, die Bücher lesen, die sie lesen wollen, die Filme sehen, die sie sehen wollen, Probleme ansprechen, die sie bedrängen. Eben nicht das Leben nach Parteivorgaben leben, nicht die Musik hören, die die Partei für gut befindet, nicht die Filme sehen, die die Partei in Auftrag gegeben hat. Ganz normale Dinge also. Und hier, in Thüringen, in Jena, gab es solche Jugendlichen, wie überall in der Republik. Hier waren es nur mehr. Sie trafen sich meist in der Innenstadt, in der Jungen Gemeinde. Matz, Blase, Richard und Stine gehörten dazu.

Sie wussten, dass es eine Geheimpolizei gibt. Sie wussten, dass sie beobachtet werden. Sie wussten aber nicht, was sich gerade jetzt, in dem Moment, in dem sie den Zug nach Berlin bestiegen, im Verborgenen abspielte. Polizei und Geheimdienst beobachteten sie und wollten sie festnehmen.

Sie hatten sich derweil im Zug schlafen gelegt. Kurz vor Berlin wurden sie von der Transportpolizei, die in den Zügen unterwegs war, festgenommen und die ganze Nacht im Bahnhof von Jüterbog verhört. In den frühen Morgenstunden kam eine Nachricht aus Gera, aus der Bezirksverwaltung der Staatssicherheit, an die Transportpolizei:

„Hier ist Oberstleutnant Lehmann, Bezirksverwaltung Gera, Leiter des operativen Einsatzstabes. Es ist vier Uhr. Gemäß dem Befehl Nr. 0101/81 des Ministeriums des Innern befehle ich die Überführung von Rösch und Domaschk nach Gera. Major Marth von der Volkspolizei wird den Transport organisieren.“

Rösch und Domaschk waren Blase und Matz. +++

+++ Tag II

+++ Kapitel 1

„Aussteigen, los, hopp hopp, raus man, Beeilung!“

ich weiß nicht, was los ist. sie haben uns aus dem zug geholt und in einen raum gesetzt und abwechselnd befragt. immer gefragt, warum wir nach berlin reisen. ich hab kein auge zugemacht, blase hat zwischendurch mal geschnarcht. ein netter bulle hat uns kaffee und bockwurst geholt. rauchen konnten wir auch. und irgendwann in der frühe, es dämmerte schon, die vögel fingen zu singen an, haben sie uns in ein fahrzeug gesteckt. in so einen kastenwagen[3], einen barkas und sind mit uns durch die republik gefahren. weiß nicht, wie lange. es kam mir sehr lange vor. ungefähr 200 km. oder 300? oder 400? In einem kastenwagen, nicht größer als drei meter lang, vielleicht einmeterundachtzig breit und einmeterundfünfzig hoch. stell dir das mal genau vor, miss mal die länge und leg was auf den fußboden, miss mal die breite und die höhe und mach dir

[3] So ein Kastenwagen (Barkas) befindet sich heute noch in der Gedenkstätte des ehemaligen Stasi-Untersuchungshaft-Gefängnisses in Rostock.

den raum mal klar. hinten der kasten, vorne die fahrerkabine. beides getrennt voneinander. in dem kasten fünf – stell dir vor – fünf kleine sitzzellen. also abgetrennte kleine kammern. du sitzt wie ein hering in einer fischdose. dazu kommt noch ein sitz für einen posten, einen wachmann, einen polizisten, einen geheimdienstler. für wen auch immer. also sechs leute hocken da auf fünfkommavier quadratmetern.
mir tut alles weh. stunden in diesem fahrzeug. wie lange wir wohl gefahren sind? meine beine sind wie eingefror‘n und meine augen geblendet – plötzlich dieses licht nach stunden der dunkelheit. da siehst du nichts, du kannst nicht gucken, nicht die augen öffnen, das dauert. ich saß mit dem rücken an einer wand, mit den knien an einer wand, mit der rechten schulter an einer wand und mit der linken schulter an einer tür. nach oben, also zwischen kopf und decke, vielleicht zehn zentimeter. wie peter wohl da drin gesessen hat? der mit seinem kugelbauch – der kann doch da kaum reingepasst haben. von außen denkst du, da ist eine wäscherei unterwegs, mit dreckiger wäsche, die mal wieder richtig gewaschen werden muss. das denken die wahrscheinlich auch – dass sie dreckige wäsche zur reinigung bringen.

„Los, na komm schon, mach hinne man!“, brüllt mich so eine uniform an, so ein milchreisbubigesicht und schupst mich vorwärts.
sie hatten uns an den händen gefesselt, stell dir mal vor. du fährst nach berlin zu ’ner party. plötzlich kommen uniformen und holen dich aus dem zug. du sitzt die ganze nacht bei der

transportpolizei am bahnhof, in einem hell erleuchteten raum, ab und zu fragen sie dich, warum du nach berlin fahren wolltest? wolltest? ich will immer noch, aber das geht wohl nicht mehr. du sagst ihnen, dass du wegen einer geburtstagsfeier nach berlin fährst und sie glauben dir das nicht. sie hören das nicht, was du sagst, sondern bleiben sitzen und stellen nach einer halben stunde wieder die gleiche frage. und dann wirst du, nach einer durchwachten nacht, irgendwann am vormittag gefesselt, an den händen und dann kommt ein kastenwagen von der wäscherei und du steigst da ein in diesen kasten und in diesem kasten sind nochmal fünf kleine kästen und in einen von den kleinen kästen musst du dich reinsetzen, reinquetschen und dann wird die tür geschlossen und es ist absolut finster und dann geht die fahrt los und du weißt nicht, ob sie dich jetzt nach berlin zu der geburtstagsfeier bringen oder wohin sonst. naja, das ist recht unwahrscheinlich. und nun bin ich in einem gebäude, hinter uns ein großes tor – der ist also in ein haus reingefahren. rechts und links sehe ich …

„Kopf runter, hier wird nich‘ rumgekuckt! Sei froh, dass du noch atmest. Bei Dzierzynski hättet ihr `ne Kugel gekriegt und dann wär gut gewesen“, brüllt Uniform eins und fuchtelt mit seiner Knarre rum.

„Kopf runter und hier rein“, sagt Uniform zwei.

im augenwinkel sehe ich zwei große glaswände. betonfußboden. durch eine glastür gehen wir, drei treppen hoch. da ist peter.

„hallo peter ...“

„Ruhe. Hier wird nicht gesprochen.“

ich freue mich so, ihn zu sehen. er schaut mich an, kurz, mit seinem wuschelkopf, leicht geneigt blickt er mit seinen hinter locken versteckten freundlichen augen zu mir. mir scheint freundlich, aber auch ängstlich. er ist sehr ernst und doch gelangt die ganze wärme zu mir, die wärme eines bären, eines friedlichen bären, der nicht tobt, weil er angegriffen und in die ecke gedrängt wird. dieser bär ist ein anderer, ein ganz schlauer, ein ganz guter. wenn er brummt, dann verstummt ihr. an den kommt ihr nicht ran.

wir wissen jetzt, wo wir sind. wir kennen das und haben keine lust darauf. wir sind in einem gefängnis. einem gefängnis der geheimpolizei. wir sind also im visier. wir gefährden die sicherheit des staates, deshalb sind wir hier. haben wir verstoßen gegen die verfassung? gegen das recht, seine meinung frei und öffentlich zu äußern? gegen das recht, sich friedlich zu versammeln? gegen das recht, frei seine meinung in der presse kundzutun? gegen das recht, dass die freiheit und persönlichkeit eines jeden bürgers unantastbar ist? gegen das recht der gewissens- und glaubensfreiheit?

wir wissen es nicht. das ist das schlimmste, dass du nicht weißt, warum du hier bist. dass du nicht weißt, was sie dir anhängen werden. dass du nicht weißt, was sie mit dir vorhaben.

dass du keine hilfe bekommst. dass kein anwalt da ist. das ist das schlimmste: dieses ausgeliefertsein.

wir sind jetzt im bereich der aufnahmezellen. unsere fesseln werden abgenommen, wir stehen einsam vor den zellen. über uns die decke. glasbausteine. ich höre schritte. ich sehe schritte. stiefelabsätze auf glas. stiefelabsätze auf beton.

„Runter mit den Klamotten. Auszieh'n. Alles auszieh'n."

„wie, alles auszieh'n? ich zieh mich doch vor euch nicht aus?"

„Auszieh'n, aber zackig!", brüllt mich die uniform an. er droht mit seinem stock, doch er schlägt nicht zu. ich sehe zu peter und der beginnt, sich langsam zu entkleiden.

„An die Wand stell'n. Beine breit. Hände an die Wand."

ich werde abgetastet. kalte hände berühren mich und ich zucke zusammen. es ist kalt und diese kalten hände nehmen meine arschbacken, drücken sie auseinander. ich drehe mich um, um zu sehen, wer das macht, erblicke einen weißen kittel. in dem moment greift eine uniform in meine haare und zieht sie nach unten.

„Nich' umdreh'n. Zur Wand gucken."

jetzt steckt der weiße kittel einen finger in meinen arsch und ich winde mich wie ein aal. ohne ankündigung. Hier draußen, im flur.

„Ist schon gut. Gleich vorbei“, sagt der weiße kittel. „Umdreh‘n.“ ich drehe mich um und er schaut mir in den mund, zieht meine zunge raus, betastet mein geschlecht. in die ohren schaut er, unter die achseln, die füße. ich zittere. er fast in meine haare und sagt: „Schöne Haare. Da würde sich so manches Mädel freu‘n. Und bei deinem Freund erst. Solche Locken. Ihr Schwuchteln, am liebsten würde ich euch scheren, wie die Schafe im Frühjahr. Die Zeit ist ja ran.“

er schaut mir in die augen. ich zittere. er grinst, schiebt seine unterlippe nach oben und zieht die augenbrauen hoch, dabei das linke auge leicht zukneifend. er grinst und wackelt dabei leicht mit dem kopf.

„Ab in die Zelle.“

„Aber ich brauch was anzuziehn!“

eine uniform wirft mir einen trainingsanzug in die zelle. er ist verbeult, zu klein, ohne bünde. braun, mit rot – gelben streifen an den ärmel- und hosenaußenseiten. ein trainingsanzug der nva, der nationalen volksarmee. die tür wird geschlossen, holz auf holz erst, dann klacken die riegel, metall in metall. es ist stockduster, kein fenster, kein licht. was jetzt? wie lange wird das dauern? es ist so still, ich höre nur diese stille und ich sehe diese dunkelheit und meine gedanken rasen ohne halt. ich überlege, was los sein könnte. was wir falsch gemacht haben. denke an meine freunde in berlin, an die party, die ja jetzt schon vorbei ist. ob sie alle hochgenommen haben? was nun? was jetzt? wie lange?

die riegel klacken, metall auf metall, dann geht die tür auf.

„Kommse."
wieviel zeit ist vergangen? „wohin?"

„Fragen stellen wir. Kommse."

wir gehen in einen gegenüber, vielleicht vier meter entfernt gelegenen raum. dort sitzt eine uniform.

„Setzen Sie sich, Herr Domaschk."

oh, herr domaschk sagt er. es ist schön, seinen namen zu hören.

„Warum bin ich hier?"

„Zur Klärung eines Sachverhalts. Es wird sicher nicht lange dauern. Sie werden gleich in den Zellentrakt gebracht. Vorher erkläre ich Ihnen die Hausordnung und Sie müssen diese im Anschluss unterschreiben."

„hausordnung? das ist ja lustig. sie meinen knastordnung."

„Hören Sie gut zu:

‚Wenn ein Angehöriger des Aufsichtsdienstes den Haftraum betritt, haben Sie sich ans Fenster zu stellen, das Gesicht zum Fenster gewandt, die Hände auf dem Rücken. Sie dürfen sich nur umdreh'n, wenn Sie ausdrücklich dazu aufgefordert werden. Nachtruhe ist von 22.00 – 06.00 Uhr. In dieser Zeit dürfen Sie auf der Lagerstätte liegen, auf dem Rücken, Hände an der Seite. Am Tag ist es verboten zu liegen. Der Haftraum muss sauber gehalten werden, einmal in der Woche reinigen Sie denselben. Ihnen ist es verboten zu lärmen, zu singen oder anderen Unfug zu treiben; es ist verboten, mit anderen Häftlingen durch Klopfen, Rufen, Pfeifen oder sonstige Zeichen in Verbindung zu treten oder schriftliche Mitteilungen zu übergeben; es ist verboten, Wände, Türen, Fenster, oder anderes Haftanstaltseigentum zu beschriften, zu beschmutzen oder zu beschädigen; Sitzgelegenheiten oder das Bett zu besteigen oder während der Nachtruhe Hände und Gesicht zu verdecken; an das Guckloch der Zellentür heranzutreten, die Sicht durch dasselbe zu behindern oder sich der Sicht zu entzieh'n; Schmutz, Speisereste usw. in das Klosettbecken oder aus dem Fenster zu werfen; missbräuchlich die Rufanlage zu betätigen; im Haftraum Glücksspiele, Tauschhandel oder andere Geschäfte zu betreiben oder unerlaubte Gegenstände zu verwahren. Von Ihnen vorsätzlich verursachte Schäden in Hafträumen oder am Inventar sind denselben voll zu ersetzen, außerdem kann Bestrafung wegen Sachbeschädigung erfolgen. Bitte unterschreiben Sie hier, wenn Sie keine Fragen haben. Herr

Domaschk? Die Hausordnung!“

ich war eingeschlafen. das war so ein feiner singsang, dass ich abgenickt bin.

„alles klar, ja, die hausordnung … her damit, wenns weiter nichts ist, ich unterschreibe. nich‘ singen, nur nachts liegen, hände und gesicht nicht verdecken ... kriege ich jetzt meine sachen wieder?“

„Was für Sachen?“

„na mein buch, meine klamotten, meine lederketten, meine kippen, meinen kugelschreiber, mein portmonee – alles, was sie mir abgenommen haben!“

„Nein, das bekommen Sie erst wieder, wenn Sie entlassen werden.“

Die Tür geht auf.

„Kommse.“

ich gehe raus.

„Kopf runter. Gehnse.“
wir gehen durch eine gittertür, dann treppen nach oben, in den

ersten stock. dort wieder durch eine gittertür. dann stehen wir im zellentrakt.

„Hier rein. Das ist die Zelle. Sie sind Bett 2. Geradeaus. Ab jetzt heißen Sie Bett 2. Dass das klar ist.“

ich gehe hinein und die tür wird geschlossen.

erst holz auf holz, dann das klacken der riegel, metall auf metall.

ich bin allein. ein bett frei. licht brennt. links ein klo, ein waschbecken, ein spiegel. an der wand ein klapptisch. ein hocker. der tür gegenüber glasbausteine in der wand, kein blick nach draußen möglich. keine chance, ein fenster zu öffnen. innen an der tür kein knauf, an der heizung kein griff, um sie warm oder kalt zu stellen. keine eigenen sachen. kein mensch, mit dem ich reden kann. keine musik, die ich hören kann. kein buch, in dem ich lesen kann, keine zigarette, die ich rauchen kann. keine wirklichkeit, die ich sehen kann, kein blick nach draußen. innen chaos. innen angst. ruhig bleiben. was kann schon passieren? mich kriegt ihr nicht. ich sage kein wort. kein wort. das hat Jürgen uns gesagt, damals, als er rauskam aus dem knast. sie haben ihn von der uni geworfen. kurz vor den prüfungen. er kam zu uns in die wohnung und wir haben ihn begrüßt. die halbe junge gemeinde war da, auch der pastor walter, unser häuptling. wir haben es schön gemacht für jürgen, ich hab` kräftig eingeheizt, wir haben reis gekocht und gulasch, einen riesen topf voll und bier hatten wir und wein. Jürgen hat dann gelesen aus seinen texten, die waren ziemlich schwer und zum schluss gab er uns tipps mit auf den weg:

„Wenn ihr in so eine Mühle kommt von Aussprachen, sogenannten klärenden Gesprächen, Befragungen oder Verhören: Sagt nichts. Kein Wort. Kein Laut darf eure Lippen verlassen. Sie reden, mal leise, freundlich, dann plötzlich laut, schreiend, hauen auf den Tisch, kommen auf euch zu, fuchteln mit Linealen rum … sagt nichts.
Sie haben Zeit, viel Zeit und das sagen sie euch ständig, wenn ihr schweigt. Und es kann einen zermürben, weil ihr dann allein seid, ausgeliefert, niemand da, der euch hilft. Aber denkt immer: ihr kommt wieder raus aus der Situation und da warten die geliebten Menschen, die Familie, die Freunde. In der Zelle, wenn sie euch eine Pause gönnen, redet mit euch selbst, mit den Menschen, die euch am nächsten sind, die euch Halt und Hilfe sein können, redet leise, aber mit Stimme, vor euch hin, sagt, wie ihr euch fühlt. Es ist gut, wenn ihr das loswerden könnt für den Moment. Im Verhör schweigen, das ist das oberste Gebot. Und erinnern: erinnert euch an Vergangenes, sie fragen euch ja was, erinnert das ruhig, denkt daran und macht euch euren Film. Sender freies Verhör. Da könnt ihr alles machen, ihr seid der Regisseur. Nach außen aber kein Wort. Es nützt nichts. Es ist vorher klar, was sie mit euch machen."

das war beängstigend und deutlich. wir saßen alle ganz bedröppelt da. keiner sagte was. da sprach der pastor. der ist schließlich da für solche momente. er war ein sehr offener mensch und pastor. ein richtiger häuptling für mich, so eine weise erscheinung. auch wenn du nicht an gott geglaubt hast – er hat sich mit dir ernsthaft unterhalten, deine gedanken ernst genommen – ich kannte keinen besseren pastor und dachte immer: den hätte jesus gern als kumpel gehabt.

„In einer solchen Ausnahmesituation müsst ihr wissen, wofür ihr lebt, was der Sinn eures Lebens ist. Was der Sinn dessen ist, dass ihr jetzt da in einer sogenannten „Befragung“, einem Verhör, im Gefängnis seid. Es muss euch klar sein, klar vor Augen stehen, was ihr wollt.“

„Na leben, gemeinsam leben, füreinander da sein, miteinander was machen, was gut ist für alle. Dabei ehrlich sein und offen, aber auch seine Grenzen akzeptieren“, sagte Peter und ich war ihm dankbar dafür.

„Was meinst du damit?“

„Na, zum Beispiel wohne ich mit anderen Menschen zusammen. Wir gestalten unser Leben gemeinsam – das heißt ein Teil unseres Lebens. Ich gehe ja arbeiten, um Geld zu verdienen, da geht schon mal ein Drittel des Tages drauf. Ein Drittel schlafe ich und ein Drittel kann ich gestalten. Und da geht es nicht darum, nur abzuhängen, sondern sich Gedanken um‘s Leben zu machen, um Werte, die ich habe, die ich mir aneigne und so weiter. Also wir lesen gemeinsam ein Buch, wir diskutieren ein Thema und heraus kommt, dass ich meine, ich nehme keine Waffe in die Hand, weil das nicht gut ist für uns hier und für alle anderen Menschen auf der Welt."

„Danke, Peter. Also wenn du da sitzt und verhört wirst, dann weißt du, warum das geschieht und wofür du da sitzt. Du brauchst nichts verheimlichen, sagst, was du dir erarbeitet hast, was du denkst."

leise, bedächtig, aber bestimmt schlich sich stine ins gespräch: „Also für mich sind mehrere Sachen wichtig: Die Liebe kommt zuerst. Die Liebe zu Matz, die Liebe zu meinen Freunden, die Liebe zu Gott, die Liebe zu meinem Kind. Meine Arbeit ist doch auch so etwas. Da ist die Liebe zu Gott, zu den Menschen. Also ich trenne das nicht so ab voneinander. Und ich möchte, dass keiner mich daran hindert zu lieben. Also wenn sie mich verhören, dann bringe ich auch dem Verhörer meine Liebe entgegen. Denn ich weiß, dass er ein Mensch ist und dass er das, was er tut, früher oder später bereuen wird. Weil sich herausstellt, dass das falsch war, dass das umsonst war."
„Danke, Stine. Das ist sehr schwer, was du da vorhast, aber es gibt dir Kraft und Stärke und ein Ziel. Und du bist niemals allein."

Jetzt ich. Für mich war das schwierig.

„ich weiß nicht so recht. ich bin eher auf der suche, als ich wüsste, was der sinn meines lebens sein soll. ihr wisst ja, ihr seid mir wichtig, mit euch zusammen zu sein ist mir wichtig, ehrlich zu sein ist mir wichtig, über viele themen zu reden ist mir wichtig und auch, dass sich dieser staat verändert, ist mir wichtig. aber nicht, dass ich jetzt die großen konzepte hätte. ich lebe in den sachen, die passieren und wenn eine ungerechtigkeit passiert, dann sage ich was dazu und wenn jemand hilfe braucht, dann helfe ich. ja, stine, die liebe ist mir wichtig und dass es eine echte liebe ist. meine freunde – ja, wenn das eine art der liebe ist, dann die. aber die liebe zu so typen, die mir übel wollen, das fällt mir schwer. ich hab‘ da nicht die große einordnung parat. wenn mir jemand übel will, dann muss ich das hinnehmen und kämpfe dagegen – aber liebe empfinde ich da nicht.“

„Matz, was machst du, wenn du allein irgendwo sitzt, du weißt nicht, wie lange es dauern wird, du hast keinen Kontakt zu anderen Menschen, hast kein Buch, keine Musik, nichts zu schreiben, es ist dunkel in der Zelle und wenn es hell wird, bist du wieder dran. Was machst du? Woran denkst du? Was gibt dir Kraft?“

„ich denke an mein leben, an stine, an meine freunde, an das, was ich erlebt habe. ja, so mach‘ ich das. und ich denke daran, wie ich den anderen beikommen kann, wie ich ihnen zeigen kann, dass sie da den totalen bockmist machen.“

„Gut, das ist gut. Sich erinnern, im Kopf eine Leinwand aufstellen und euren Projektor anmachen und euren Film angucken. Ihr müsst wissen, sie kämpfen um eure Seele. Ihr sollt gebrochen werden, euch selbst verraten, eure Freunde verraten und mit ihnen sein. Denkt dran. Das ist das Ziel. Zersetzen. Sie wollen euch zersetzen. So nennen sie das. Es ist ein Begriff aus ihrer Arbeit. Eure Seele zersetzen, um sie dann neu zusammenzusetzen. Das klingt brutal und unmöglich – und es ist brutal und möglich. Glaubt mir, ich habe schon einige Gefangene getröstet. Ihr wisst ja, bei mir ist da immer Gott, an den ich mich wende. Der sitzt dann neben mir oder umarmt mich. Der ist da. Wirklich da. Gott weiß, was da läuft. Es ist schon vor Jahrhunderten geschehen. Das ist alles nicht neu, schon immer haben Menschen Menschen beeinflussen, manipulieren, verändern wollen. Hört mal den uralten Text an:

‚Hilf mir aus der Hand der Ungerechten und Tyrannen, verlass mich nicht, wenn ich schwach werde … Denn meine Feinde reden wider mich, und die auf meine Seele lauern, beraten sich miteinander. Psalm 71, Vers 4, 9 und 10'

Ihr könnt euch dran erinnern, wenn sie euch holen und ihr ihnen gegenüber sitzt. Es ist immer gut, seine Situation genau zu kennen und sie einordnen zu können."

so war das, damals, in der wohnung. und nun sitze ich hier. bestimmt beraten sie sich gerade. ich bin müde, sehr müde, habe die ganze nacht nicht geschlafen. ich darf aber nicht auf's bett jetzt, darf mich am tag nicht hinlegen. also auf den hocker.

klappe den tisch runter, setze mich auf den hocker, lege meine verschränkten arme auf den tisch und bette meinen kopf darauf. wie schwer so ein kopf sein kann. ich bin überdreht, die gedanken kreisen, ich finde nicht zur ruhe. wann werden sie kommen? was werden sie fragen? wie muss ich mich verhalten? schweigen. aber geht denn das? die ganze zeit? minuten? stunden? tage? sie spielen mit mir. sie spielen ihr spiel. soll ich mitspielen? bin ich ihnen gewachsen? oder soll ich nicht spielen, nicht mitspielen, nichts sagen, nur denken, stumm sein, ruhig atmen, mich nicht provozieren lassen. sie werden lügen, um mir die ruhe zu nehmen, sie werden leise und freundlich sein, um mich in sicherheit zu wiegen, sie werden brüllen und auf den tisch hau‘n, um mich zu verunsichern, sie werden mich schmoren lassen, sitzen lassen, bis ich nicht mehr kann, bis ich fast vom stuhl falle, sie werden mir zigaretten anbieten, sie werden mir kaffee anbieten, bis mir der kopf schwirrt, mein herz wird rasen, ich werde mein blut spüren, wie es an die wände klopft, ich werde hunger und durst haben und sie werden mir essen geben, wenn ich nicht mehr essen kann, sie werden mich die einsamkeit spüren lassen, die dich erfasst, wenn du ausgeliefert bist, wenn du leuten ausgeliefert bist, wenn du eingesperrt bist und nicht weißt, warum und wann das zu ende sein wird. diese einsamkeit, die dich ganz klein macht, die dich ängstlich macht, die dir den lebensfaden abklemmt, die dir das blut abklemmt, die dir die luft nimmt.

wo ist peter? vielleicht ist er nebenan? ich werde mal leise klopfen, leise an die wand klopfen. nichts. ich höre nichts, gar nichts. ist hier sonst denn keiner? wo bin ich eigentlich? bin ich in jena? da kommt jemand. die tür wird geöffnet. die riegel klacken, metall auf metall.

„Kommse."

„wohin?"

„Keine Fragen. Kommse. Und Kopf runter. Nich' umdrehn, nich' zur Seite sehn."

es geht zum verhör[4]. ich muss schweigen. nur das bekannte, das offensichtliche sagen. nicht mehr. ich darf nicht aufschauen, nicht zur seite sehen. wir gehen im zellentrakt an der seite entlang, neben den glasbausteinen, die hier der fußboden sind. durch eine gittertür in einen flur, ein treppenhaus. die treppen führen an der wand entlang, in der mitte ein vergitterter innenraum – damit ich mich nicht hinunterstürze. das hättet ihr nicht so gern. so einen selbstmord … die türen hier sind nicht mehr vergittert, es sind normale büroräume mit holztüren, die gepolstert sind innen. damit nichts nach außen dringt. darinnen ein schreibtisch, dahinter ein stuhl, vor dem schreibtisch

[4] Das Protokoll des Verhörs ist überliefert. Es ist eine Grundlage der Darstellung in diesem Buch. Das Protokoll wurde von der Stasi geschrieben. Deshalb wird hier nicht angenommen, dass es das wirklich Gesagte wiedergibt. Es ist unterzeichnet von Matz. Aber keiner weiß, unter welchen Umständen dies von ihm unterzeichnet wurde. Das Protokoll hat 11 Seiten. Das Verhör dauerte 13 Stunden und 10 Minuten (laut Protokoll). Wenn man langsam liest oder spricht, dauert das Sprechen des Protokolls ca. 30 Minuten. Was ist in der ganzen Zeit geschehen? Das ist die Frage.

ein stuhl für mich mitten im raum. auf dem stuhl hinter dem schreibtisch sitzt ein zivil gekleideter junger mann. nicht unsympathisch auf den ersten blick. +++

+++ Tag II

+++ Kapitel 2

Vor dem Verhör fand eine Lagebesprechung der Staatssicherheit statt:

Oberstleutnant Lehmann:

„Domaschk und Rösch. Operative Personenkontrollen. Bekannte Gesichter. Führende Mitglieder der jenaer Szene. Beide wollten nach Berlin. Nach der Direktive aus Berlin mussten wir sie aus dem Verkehr ziehen. Und zwar solange, bis der Parteitag zu Ende ist. Aktuell liegt nichts vor. Das ist das Problem. Der Parteitag geht sechs Tage. Aufhalten und ausquetschen reicht nicht. Nach vierundzwanzig Stunden müssen wir sie freilassen oder der Staatsanwalt muss anklagen. Das müssen wir also hinkriegen. Hier kannst du lernen, Hauptmann Köhler, wie's geht."

„Zu Befehl, Genosse Oberstleutnant."

Oberstleutnant Lehmann:

„Leutnant Peißker wird dich unterstützen, Oberstleutnant Seidel hat die Kontrolle. Oberleutnant Seidel, du übernimmst Rösch. Könnt ihr euch nicht mal andere Namen zulegen?

Die klare Direktive lautet: Beide nicht eher entlassen, bis wir eine verwertbare Aussage haben. Dass das klar ist. Ist mir egal was, aber Ergebnisse müssen her. Und wenn möglich: Anwerben die Beiden. Das wäre optimal. Bei Rösch ist das fast unmöglich, der ist stark. Trotzdem versuchen. Maximale Erfolge."

Oberstleutnant Seidel:

„Leutnant Peißker, du bist nur fünf Jahre älter als Domaschk. Ihr seid euch also nah, vom Alter her. Deine Frau erwartet ein Kind – Domaschks auch. Sie heißt Stine. Ja, das passt gut. Du fängst an, freundlich, aber bestimmt."

„Zu Befehl, Genosse Oberstleutnant."

„Hauptmann Strakerjahn, du bist erfahren, ein alter Hase, du machst die strenge Tour, wenn Peißker nicht weiter kommt."

„Zu Befehl Genosse Oberstleutnant."

(Hält ein Schreiben in der Hand. Gibt es dem Oberstleutnant Lehmann.)

„Hier noch die Direktive von der Kreisdienststelle Jena, Major Würbach: ‚Nicht eher entlassen, bis Aussage. Es geht um staatsfeindliche Aktivitäten. Terrorismusverdacht.' Wissen wir doch. Für wen hält der sich. Die Akte kennt ihr? (alle nicken) Gut."

(Die Tür geht auf, herein kommt der Chef der Bezirksverwaltung, Oberst Weigelt.)

„Genossen, dieses Rattennest muss ausgeräuchert werden. Also Jena, die Junge Gemeinde. Wir nutzen die Situation. Ihr nutzt das Verhör. Wie immer. Ein Ziel kommt dazu: Anwerbung. Also vernehmen Richtung Anwerbung, Sie wissen, was das heißt?"

„Jawoll Genosse Oberst."

„Gut, gut. Wir verfolgen das Ganze und bleiben in Kontakt. Wenn die Zeit reif ist, kommen wir dazu. Vestanden?"

„Jawoll Genosse Oberst."

„Machen sie weiter, Genosse Oberstleutnant Seidel."

„Nun zu Rösch. Was wissen wir über ihn? Rösch ist stark und klar. Der weiß, was wir wissen. Der arbeitet als Feinmechaniker und ist richtig gut dabei. Ein Arbeiter. Der sagt uns klar, was er denkt. Da kommen wir nicht ran."

Oberst Weigelt: „Was soll das heißen? Da kommen wir nicht ran? Wir kommen überall ran! Verstanden?“

„Jawoll Genosse Oberst.“

Oberst Weigelt: „Einschätzung Domaschk, Genosse Oberstleutnant!“

„Domaschk ist anders. Ein Träumer. Ein sehr sensibler Mensch. Ihm ist nicht klar, was er eigentlich will – außer frei sein. Er ist sich nicht bewusst, welche Folgen sein Tun hat. Er ist nachbedacht. Ein sensibler Freigeist. Geht erst zur Armee und verweigert dann dort die Waffe. Er ist ein Träumer und sein Problem besteht darin, dass er als ein solcher ernst genommen werden will. Er weiß nicht, wo und in welcher Zeit er lebt. Er wird nichts sagen zu Beginn. Er wird in Gedanken alles durchgehen und wir zeigen ihm danach, welche Konsequenzen seine Taten haben. Da brauchen wir nicht viel machen. Isolieren, Zweifel schüren, Unruhe stiften ... Wir brauchen sein Gehirn nicht röntgen, es liegt vor uns und wir sehen in jede Falte, jede Windung. Stück für Stück schneiden wir raus. Wir modulieren ihn langsam. Bis er nicht mehr weiß, was er will, wer er ist, wohin er will. Stück für Stück. Ganz sachte. Pass auf: Anfangs wird er stark sein. Kämpfen. Wir lassen ihn. Wir haben Zeit. Straftaten vor Augen führen, einschüchtern, drohen. Wir erschüttern ihn bis ins Mark und richten ihn neu aus. Danach Stufe zwei. Anwerbung. Das volle Programm. Und wenn wir das geschafft haben, dann wirst du Oberleutnant,

Genosse Peißker.“ (alle lachen)

Oberst Weigelt:

„Und denkt an den Grundsatz Genossen. Wir leben in schweren Zeiten. Polnische Verhältnisse wollen wir nicht. Wir treiben ihnen den Liberalismus schon aus. Hört auf den Chef. Mach mal das Tonband an.“ (Es spricht Erich Mielke, der Chef der Staatssicherheit.)

„Ich wiederhole nochmal den Grundsatz: Wir müssen alles erfahren, alles, es darf an uns nichts vorbeigeh'n. Das machen manche leider noch nicht, die merken das noch nicht einmal, liebe Genossen – unter uns – die begreifen das noch gar nicht richtig... das ist eben die Dialektik des Klassenkampfes, der Arbeitertschekisten. Wir sind nicht dagegen gefeit, dass mal een Schuft unter uns ist, wir sind nicht jefeit dajejen Genossen. Leider. Wenn ick's schon jetzt wüsste, dann würd' er schon morjen nich' mehr leben – ganz kurz, kurzer Prozess ...
Weil ich Humanist bin, deswegen habe ich eine solche Auffassung: Lieber Millionen Menschen vor'm Tode retten, als wie een' Banditen leben lassen, der also uns dann die Toten bringt. Deshalb müssen wir so hart sein, ohne das Geschwafel vonwejen und so weiter, nicht hinrichten und nich' Todesurteil ... alles Geschwafel und Gerede bloß Genossen.

Also das ist der Grundsatz, Genossen.“[5]

„Schwer zu versteh‘n. Also reden kann er nicht so. Ich sag das noch mal deutlich mit den Worten des Chefs: Schluss mit der weichen Tour! Allein immer nur behutsam, behutsam und noch einmal behutsam, aus Angst und Furcht, die Betreffenden könnten sich was antun, dass nur nichts passiert, damit muss endgültig Schluss sein. Die sozialistische Gesetzlichkeit muss strikt durchgesetzt, alle Möglichkeiten voll ausgeschöpft werden – das gilt erst recht in Bezug auf Feinde, die auch weiterhin wie Feinde behandelt werden. Bezogen auf die Reinheit und Zuverlässigkeit in unseren Reihen darf es keine Inkonsequenz, keinen Liberalismus geben. Und wenn sich ein Verbrecher, ein verkommenes Subjekt deshalb etwas antut, weil er merkt, dass wir ihn erkannt haben und mit aller Konsequenz gegen ihn vorgehen, dann ist das noch tausendmal besser, als wenn es ihm gelingt, seine verbrecherischen Absichten zu verwirklichen oder uns weiter Schaden zuzufügen. Wir wollen das ja nicht, keiner will das, aber wir müssen harte Maßnahmen anwenden, wo sie angebracht sind. Wenn wir wissen, dass da schädliche Elemente unterwegs sind, dann müssen wir die stoppen, isolieren und beseitigen aus unserer Gesellschaft. Dass das klar ist, Genossen. Ist das klar, Genossen?“

(alle zusammen)

---

[5] Ein Zitat von Erich Mielke, dem Chef des DDR Staatssicherheitsdienstes. Ein Ausschnitt aus seinem Referat auf der Zentralen Dienstkonferenz der Hauptabteilung IX vom 24.5.1979, aus: Horch und Guck, S. 77

„Jawoll Genosse Oberst!“

Oberst Weigelt:

„Nun ran an den Feind.“

„Herr Domaschk, guten Tag, bitte setzen Sie sich. Ich möchte Ihnen einige Fragen stellen und sicher wird das nicht lange dauern.“

„warum bin ich hier? sie haben kein recht, mich hier festzuhalten und zu verhören. ich habe nichts getan als mit einem freund nach berlin zu fahren, wüsste nicht ...“

„Setzen Sie sich.“

„ich bleibe stehen. warum haben sie uns aus dem zug geholt? das ist freiheitsberaubung, inhaftierung und verhör ohne grund.“

„Setzen Sie sich. Beruhigen Sie sich. Es ist kein Verhör, nur eine Befragung. Und wenn Sie meine Fragen beantworten ...“

„ich denke nicht daran. sagen sie mir, warum ich hier bin.“
die tür geht auf, ein zweiter kommt herein. ein kurzer blick zwischen den beiden genügt.

„Hinsetzen", brüllt mich nummer zwei an.

„Die Hände unter die Oberschenkel, Handflächen nach unten."

ich reagiere einfach nicht. sollen sie mich zwingen.

„warum bin ich hier?"

„Hinsetzen, Hände unter die Oberschenkel. Die Fragen stellen wir."

nummer zwei drückt mich in den stuhl, klemmt meine hände unter die oberschenkel. ich helfe nicht, leiste aber auch keinen aktiven widerstand.

ein tonbandgerät wird eingeschaltet. nummer zwei verlässt den raum.

„Es ist 23.05 Uhr. Befragung Matthias Domaschk, geboren 12.Juni 1957 in Görlitz, wohnhaft in Jena, Am Rähmen 3, arbeitet als Belüftungsschlosser am Zentralinstitut für Mikrobiologie und experimentelle Therapie in Jena."

„sie wissen doch alles über mich, da brauchen sie ..."

„Warum wollten Sie gestern mit ihrem Freund Peter nach Berlin fahren?

wenn ich denen jetzt sage, dass wir zu der geburtstagsparty eingeladen waren, dann fragen sie weiter und weiter. ich schweige. es ist doch so banal. ein kurzer brief, eine einladung halt.

„sie haben kein recht, mich hier festzuhalten. ich darf hier nicht sein nach den gesetzen dieser republik, also bin ich nicht da. ich bin nicht da und rede demzufolge nicht mit ihnen."

„Wir haben Zeit, Herr Domaschk, viel Zeit. Denken Sie in Ruhe nach."

er lehnt sich zurück und zündet sich eine zigarette an. mir pfeift die lunge – wie gerne würde ich eine rauchen.

„Möchten Sie eine Zigarette, Herr Domaschk?"

kann der gedanken lesen.

„nein, danke."

ich versuche noch einmal zu überlegen, was passiert ist:

von zuhause gingen wir zum saalbahnhof. ich kaufte fahrkarten:
„zweimal berlin bitte, nur hin."

„Na, wollt ihr zum Parteitag? Passt auf, dass sie euch nicht wegschnappen“, scherzte die Verkäuferin.

„wieso, wir wollen mitreden, uns demokratisch beteiligen an den diskussionen.“

„Na ich glaub‘ nicht, dass sie euch so reinlassen, da müsst ihr erstmal zum Friseur, die Matte muss runter, dann vielleicht.“

„na, mal seh‘n und vielen dank.“

„Und warum wollt ihr keine Rückfahrkarte?“

„na, falls wir weggeschnappt werden … nee, wir wissen noch nicht genau. können ja auch zurück trampen. oder woll‘n sie uns die rückfahrt schenken?

“Nee, nee, nee, geschenkt wird hier nischt, selbst wenn ich wollte … Gute Fahrt dann.“

„danke.“

selten, so eine gesprächige und freundliche verkäuferin. ob die auch da drin steckt? sie hat telefoniert, ja, sie hat jemanden angerufen:

„Auffällige Personen haben eine Fahrkarte nach Berlin gekauft. Beide lange Haare.“ Neben ihr lag ein Zettel:

Direktive: „Wir müssen sicherstellen, dass zum X. Parteitag keine asozialen Elemente in die Hauptstadt einreisen – und zwar alle, zu denen ein operativer Vorgang eingeleitet wurde. Alle Bahnhöfe müssen überwacht werden. An allen Personen muss ein Schatten kleben. Verdächtige umgehend in der Kreisdienststelle melden.“

danach haben wir noch eine geraucht.

„Gib ma‘ Feuer Matz.“

draußen, vor dem bahnhof, sah es trostlos aus wie immer. bunt waren nur die plakate zum parteitag. eine junge frau darauf, kräftig, sportlich, gut gebaut, mit kurzhaarschnitt und blauer latzhose, eine traktoristin, die aus ihrem traktor in die kamera schaut. sie lächelt. rechts neben ihr, in kopfhöhe, steht in roten großbuchstaben: „ALLES ZUM WOHLE DES VOLKES“ und zentral darunter, auf hüfthöhe, in weißen kleinbuchstaben: „das schaffen wir“ - mit ausrufezeichen. das kleine „wir“ ist dünn unterstrichen. ein farbtupfer in dieser graunis. nur sah keiner so richtig hin. es war die idee der gleichberechtigung im sozialismus. eine frau in den besten jahren sitzt nicht zu hause – sie arbeitet. und sie arbeitet nicht als sekretärin oder erzieherin oder krankenschwester oder verkäuferin; nein, sie arbeitet in der landwirtschaft und fährt einen traktor. eigentlich doch ganz gut. alles zum wohle des volkes – zum wohle der frauen auch. und wie glücklich sie aussieht! bestimmt hat sie zu hause einen mann und kinder – aber das kommt hier nicht vor. darum geht's hier nicht. hier geht's darum, dass wir das schaffen, eben das es allen menschen wohl ergeht. und dass wir das schaffen, daran sind die frauen aktiv beteiligt. also als frau würd ich die SED wählen.

„Matz, träum nich', ich brauch' Feuer."

„warte mal. nee. wo hab ich denn das gelassen."

ich ging dann zu einem typen, der ganz in der nähe stand. er gab mir feuer. er hatte einen dunklen mantel an. er ging sofort, nachdem er mir feuer gegeben hatte, in richtung stadt davon. ob es ein stasityp war? ob er 'ne versteckte kamera in seinem mantel hatte? bestimmt ist er in den wartburg zu seinem kollegen gestiegen, dann sind sie zum planetarium gefahren und an der kreuzung rechts abgebogen, die goethestraße rauf bis zum pulverturm. dort links in die schillerstraße, ein paar hundert meter zur kreisdienststelle, wo er den film abgab zur entwicklung und wo sie dann rausgekriegt haben, wer wir sind.

Tatsächlich war es so. Kaum vorstellbar, aber wahr. Innerhalb kürzester Zeit wurden die beiden jungen Männer ohne offizielle Kontrolle identifiziert. Da griff ein Rädchen ins andere. In der Kreisdienststelle der Geheimpolizei in Jena liefen die „Ermittlungen". Am Bahnhof versteckte Fotos gemacht und schnell entwickelt. Nun war klar, wer da nach Berlin reisen wollte.

Major Würbach:

„Das ist Matthias Domaschk. Der zweite ist Peter Rösch. Bei beiden läuft eine operative Personenkontrolle. Wir müssen verhindern, dass diese Personen in die Hauptstadt gelangen. Hauptmann Köhler, sie tragen die Verantwortung."

dann sind wir in den zug eingestiegen und los.

„Komm Matz, wir nehmen uns ein schönes Abteil und hauen uns aufs Ohr. Ich bin total müde."

Und sie - die Stasis - sind zu spät gekommen.

Hauptmann Köhler:

„Der Zug ist schon weg. Im Zug ist kein Zugbegleitkommando. Also in Wittenberg oder Jüterbog ein Kommando der Transportpolizei einsetzen. Die sollen die beiden rausholen und festhalten."

Matz und Blase hatten es sich im Abteil gemütlich gemacht.

„weißt du, worauf ich mich freue? auf die schallplatten. der junge hat platten, sage ich dir, davon träumen wir beide."
„Oh, ja, darauf freu ich mich auch schon. Wenn ich mich mit Susi treffe am Bahnhof Friedrichstraße und dann gibt sie mir die Scheibe, die Pink Floyd Scheibe. Das ist halt mehr als nur

’ne Scheibe, mehr als nur ein Stück Graphit mit Rillen. Das ist Leben, man, Liebe und Nähe und Vertrautheit. Ich werde sie erst zu Hause langsam auspacken, auf keinen Fall in Berlin, ich werde sie langsam von der Folie befrei‘n, dann schnuppern, dann das Inlay mit Platte rausnehmen, die Platte aus dem Inlay und in der Hand halten, schnuppern, schauen, die regelmäßigen Rillen anschauen und wie sich das Licht verhält auf der Platte und dann werde ich sie auflegen auf meinen alten Ziphona, drücke den Startknopf, nehme mit einem sauberen Tuch kleine Staubpartikel auf, hebe den Abtastnadelkopf am Ausleger mit dem Zeigefinger der rechten Hand und senke ihn sanft und mit viel Gefühl nach unten, bis es leicht kratzt und dann, dann warte ich auf die ersten Töne. Keiner darf mich stören dabei. Und dann höre ich, höre eine andere Welt und fühle mich in einer anderen Welt – und grade bei Pink Floyd, da denkst du, du bist irgendwo in deiner Seele und seilst dich ab, ohne Gefahr, einer sichert, hält dich und dem kannst du vertrau‘n, ganz vertrau‘n. Man, was Bess‘res gibt es nicht.“

„alter, nu is aber gut, du tust ja so, als würde so ’ne platte leben. ich hoffe, du gehst nicht ins bett mit ihr, könnte zerspringen, der traum. du bist schon ’n kunde, man oh man. ich dachte, du bist müde?“
„Bin ich auch.“
„dann schlaf gut.“
„Du auch.“

wer könnte uns jetzt verpfiffen haben? die verkäuferin und der typ, der mir feuer gegeben hat. oder beide. was hat sie nochmal gesagt? zehnter parteitag? ach du scheiße. da hab ich ja gar nicht dran gedacht. die plakate hab ich ja gesehn. aber ich wollte da ehrlich gesagt auch nicht hin. das kann doch auch nicht sein, dass sie uns deswegen rausgeholt haben. +++

+++ Tag II

+++ Kapitel 3

„Noch einmal meine Frage: Warum wollten Sie gestern mit ihrem Freund Peter nach Berlin fahren?“

ich schweige und weiß bescheid.

„Wie gesagt, wir haben Zeit“, sagt nummer eins und raschelt mit papieren. dann setzt er sich auf den schreibtisch und liest vor:

„Lieber Matz, du, ich hab‘ bald Geburtstag und möchte dich einladen zu einer kleinen Party. Bring Stine und auch deinen Freund mit, den Peter. Wir kochen zusammen und machen ‚ne Sause. Danach gehen wir zum Parteitag und ziehen Parteiabzeichen ... Ich wohne jetzt mit Katrin zusammen, Auguststraße 3. Mit Uli war schluss, weil ich sie im Suff mit ‚Katrin‘ angesprochen habe. Gab ’ne Menge Zoff. Jetzt verstehen wir uns aber wieder - als Freunde. Du magst sie doch. Sie kommt auch. Es kommen noch viele andere, die du kennst. Alles so‘ne Penner wie du. Freu‘ mich und bis denne. Heiner.“

„wo habt ihr den brief her? das ist verletzung des postgeheimnisses."

„Also „Parteiabzeichen ziehen". Bitte erklären Sie mir das. Was meint ihr Freund damit? Und wer sind die weiteren Freunde?"

ich sag nichts. jetzt geht es los. ich bin nicht da. ich schalt mich ab. parteiabzeichen ziehen – dass war so'n gag von uns. also in den western, in den filmen, da haben sie 'nen colt gezogen und sich gegenseitig abgeknallt und bei uns, na, da wird eben das parteiabzeichen gezogen, und wenn du keins hast, biste der arsch, haste verloren. alle, die ein abzeichen haben, kommen gut durchs leben. und wir, die wir keins haben, wollten das auch. und deshalb haben wir gesagt, wenn wir zum beispiel 'ne party machen wollten: lass mal parteiabzeichen ziehen, das war so 'ne art geheimsprache.

„Herr Domaschk, wir befragen gleichzeitig Ihren Freund Peter. Wir wissen ja, dass er ihr Freund ist. Und Ihr, wie Sie sagen, Freund - übrigens ein ganz gerissener Bursche, den Sie vielleicht nicht durchschaut haben, weil Sie viel zu gutgläubig sind - gehört zu denen, die offen gegen unseren Staat vorgehen, den Friedensdienst in der Armee boykottieren, die Armee, die den Frieden garantiert und uns gegen die kapitalistischen Aggressoren schützt. Also bitte, warum wollten Sie mit ihm nach Berlin fahren und welche Aktionen hatten Sie geplant?

Wir wissen, dass Sie einen geheimen Ort aufsuchten, um in Ruhe feindliche Aktionen zu planen. "

Was wisst ihr schon von freundschaft. Was wisst ihr von peter? Peter, ein gerissener bursche? Ihr idioten. Er boykottiert den friedensdienst in der armee. In der armee, die den frieden bringt. Keine armee hat bisher den frieden gebracht. Oder? Vielleicht die schweizer garde?

mein freund peter, spitzname blase - also blase. was wollte der in berlin? der wollte wie ich zur party und dann noch eine freundin treffen, die in westberlin wohnt. sie wollte ihm platten mitbringen. er hört ja so gerne pink floyd. peter ist ein echter freund. I wish you where here ... mein lieblingslied. I wish you where here. wir brauchen nicht viel reden. wenn wir aber reden, dann wirklich. I wish you where here ... ich wünschte, ich könnte mit dir reden. denn du kannst nicht nur unterscheiden zwischen himmel und hölle, zwischen schwarz und weiß, zwischen einem echten lächeln und einer maskerade – du weißt auch, dass es ein dazwischen gibt, dass ein freund auch manchmal ein „feind" sein kann, eben weil er ein freund ist und dir zeigen will, was nicht richtig ist. ich wünschte, du wärest hier, mein freund. wir sind keine verlorenen seelen und schwimmen doch jetzt zusammen in einem goldfischglas und ja, wir sind seit jahren immer auf den gleichen pfaden zusammen unterwegs. was haben wir gefunden? die gleichen ängste. die gleichen hoffnungen. ich wünschte du wärest hier, mein freund.

kennengelernt haben wir uns in der jungen gemeinde. da gab es immer so themenabende. einer bereitete sich vor, erzählte was und dann wurde darüber diskutiert. die junge gemeinde in mitte, johannesstraße, neben der rose. ich kannte da nicht viele, nur peter und richard, na und stine natürlich. und Christos, der verrückte kerl, also einer, der nannte sich so, der sah auch so aus, er ging mit einem schaffellmantel herum, hatte lange haare und sah sowas von friedfertig aus – der name passte und war programm. der hatte immer diesen mantel an, auch wenn's warm war zog er ihn nur selten aus. er sagte nicht viel, wanderte aber immer in der gegend umher. einige dachten, er sei ein IM, ein spitzel, aber ich dachte das nicht. einmal gingen wir wandern und er sagte immer gedichte von hölderlin auf, und wir kamen ins gespräch - es ging um gott, er hatte eine eigensinnige auffassung und immer, wenn er was erzählte, dankte er irgendwem oder irgendwas; er fühlte sich allem verbunden und nahe. er nahm mich mit zu sich nach hause, immer berührte er einen irgendwie, er brauchte körperkontakt, zu hause setzte er sich an einen flügel und spielte und spielte, so frei und innig, dass es eine freude war, ihm zuzuhören. aber zurück zur jungen gemeinde:

„Liebe Freunde, ich bitte um Ruhe. Ich begrüße euch alle herzlich in der Friedensgemeinschaft. Wir wollen heute zwei Vorträge hören und dann darüber gemeinsam diskutieren. Heute geht es um den Wehrdienst. Wir alle müssen uns dieses Themas stellen, früher oder später und jetzt nicht nur die männlichen Exemplare unter uns, sondern auch die Frauen.

Peter und Stine stellen uns ihre Gedanken zum Wehrdienst vor. Auch Frauen sollen ja jetzt aktiv dienen und das wollen wir besprechen. Im Anschluss wollen wir praktisch werden – aber das bleibt noch eine Überraschung!"

„Ja, Hallo zusammen. Vielleicht habt ihr davon gehört, dass es ein neues Wehrdienstgesetz gibt, das auch einen Wehrdienst für Frauen vorsieht. Ich bin Stine, Vikarin und möchte was sagen zum Wehrdienst für Frauen. Ich spreche hier als angehende Pastorin und als Frau. Ich möchte da nicht mitmachen. Ich möchte den Kreis der Gewalt durchbrechen und alle Formen der Gewalt als Mittel der Konfliktlösung verweigern. Ich sehe den Wehrdienst für Frauen nicht als Ausdruck der Gleichberechtigung, sondern als Widersinn zu meinem Frau-Sein. Ich möchte Kinder gebären, nicht Menschen ermorden. Ich möchte lieben und geliebt werden, nicht von Feinden und Gegnern sprechen. Diese Abstraktionen, „Feind" und „Gegner" verhindern ein friedliches Miteinander, verhindern Vertrauen. Ich möchte nicht mit Männern in einer Reihe stehen, mit der Waffe in der Hand, ich möchte mit Männern gleichberechtigt leben und lieben. Ich sehe den Zwang zum Wehrdienst für Frauen als eine Drohgebärde, die meinem Streben nach Abrüstung, und zwar nach moralischer und militärischer Abrüstung, entgegensteht. Die Stimme der Vernunft geht im militärischen Gehorsam unter. Ich persönlich fühle mich dazu berufen, das Leben zu schützen, die Menschen zu schützen, die zu alt, zu schwach oder zu krank sind, um es aus eigener Kraft zu schaffen. Gegen den Krieg und für den Frieden zu sein muss im sozialen und erzieherischen Bereich geschehen, wenn wir nicht vor der künftigen Generation versagen wollen. Ich wehre mich dagegen, dass ich eines Tages in den Reihen der NVA stehen und ein Land verteidigen soll, das unbewohnbar sein wird, selbst nach einem konventionellen Krieg, der in Europa wahrscheinlich in einer nuklearen Katastrophe enden würde. Ich glaube, dass die Menschheit heute an einem Abgrund steht und das die Anhäufung von weiteren Waffen zu einer wahnsinnigen Katastrophe führt. Und wenn ich als Frau, wenn wir als Frauen jetzt zusätzlich zu den Männern Wehrdienst leisten müssen, dann ist das eine Form der Aufrüstung, eine Form zusätzlicher Bewaffnung. Ich lehne es ab, in die allgemeine Wehrpflicht einbezogen zu werden und fordere eine gesetzlich verankerte Möglichkeit der Verweigerung. Danke.“

es gab großen applaus für stine. ich kannte sie nicht und sie gefiel mir sehr. ich wollte gleich mit ihr sprechen, aber erstmal kam peter dran. übrigens: während wir applaudierten ging christos zu stine und umarmte sie, strich ihr über das haar und weinte dabei. sie kannte christos und es war kein ding für sie, sie tröstete ihn ein wenig sogar. so, jetzt peter, spitzname blase:

„Danke Stine, was soll ich jetzt noch sagen. Vieles, was du als Frau gesagt und gefordert hast, sage und fordere auch ich. Ich sehe es aber noch ein wenig anders. Ich denke nicht, dass ich als Mann geboren bin, um zu kämpfen. Und auch wenn ich nicht im sozialen oder erzieherischen Bereich tätig bin, sondern bei Zeiss als ein Feinmechaniker arbeite, möchte ich

Konflikte vernünftig und gewaltfrei lösen – zu Hause, auf Arbeit, unter Freunden, in der Familie. Ich, als Mann, möchte keine Waffe in die Hand nehmen, weil ich weiß, dass es ein Mythos ist, dass eine Anhäufung von Waffen und Streitkräften zu mehr Sicherheit beitragen. Und es ist schon immer ein Mittel der Mächtigen gewesen, den „Mann auf der Straße“ kleinzureden, ihm einzureden, er sei nicht in der Lage, die großen Themen von Krieg und Frieden auf der Welt zu durchschauen. Das Problem des Friedens, der Abrüstung und Gewaltfreiheit muss mit aktiver Teilnahme aller gelöst werden. Ich verweigere den Dienst an der Waffe und werde zu den Bausoldaten gehen, die keine Waffen tragen. Ich akzeptiere, dass der Staat, in dem ich lebe, eine andere Auffassung vom Frieden hat – nämlich dass der bewaffnet sein muss. Aber ich kann es nicht, es spricht gegen meine Auffassung vom Leben, gegen mein Gewissen, eine Waffe in die Hand zu nehmen. Danke.“

beifall. großer beifall und im anschluss große diskussion. vielen gefiel stines „hausfrauenrede“ nicht. allerdings hatte sie ja viel mehr gesagt, einen größeren horizont im blick. ich habe sie verteidigt. ich war etwas anderer meinung als blase und wir redeten noch eine weile.

„Matz, kannst du dir vorstell‘n, einen Menschen zu töten?“

„wie kommst‘n darauf. nein, natürlich nicht.“

„Auch nicht einen, der ein Feind ist, der dich bedroht, deine

Familie, deine Kinder, deine Eltern?“ „naja, wenn der unser leben bedroht, dann schon, dann würde ich kämpfen um mein leben.

„Und was bringt das?“
„naja, ich versuche, mich und meine lieben zu beschützen.“

„Und dafür tötest du.“

„wenn‘s sein muss.“

„Du tötest Leute, die auch Familie haben, Mutter und Vater, Geschwister, Töchter, Söhne. Die wurden vom Staat in einen Krieg geschickt, den sie nicht wollten. Nun steht ihr euch gegenüber und es ist die Frage auf Leben und Tod. Dabei könntet ihr beide leben.“

„wie das?“

„Wenn ihr beide es ablehnen würdet, eine Waffe in die Hand zu nehmen. Dann würde nichts passieren.“

„ja, schön. aber es gibt ja auch die leute, die gerne mit ‚ner waffe rumlaufen und gerne auf andere schießen, gerne töten.“

„Das sind Ausnahmen. Wie der Nazi, der Typ in Auschwitz.“

„und die andern nazis? die sind doch auch mit freude in den

krieg gezogen, um andere länder zu erobern, um zu rauben und zu morden."

„Ja, aber nur, weil sie durch die Propaganda des Staates dahin gebracht wurden. Wenn sich alle Menschen dazu entschließen, keine Waffe in die Hand zu nehmen, dann kann es auch keinen Krieg geben, dann kann kein Staat seine Bürger belügen und betrügen und sie für fadenscheinige Ziele in den Krieg schicken. Es geht doch immer nur ums Geld, um die Macht, um wenige Leute, die sich Regierung nennen oder Vorstand oder Unternehmer."

„naja, da is' was dran."

„Komm Matz, lass uns die Schmiede anwerfen, wir wollen doch noch Schwerter zu Pflugscharen schmieden."

„ja, los man, das ist 'ne tolle idee. will nur vorher noch schnell kurz mit stine sprechen."

„Ja, ja, schnell, kurz ... ich fang schon mal an."

so ist blase. und das nenne ich freundschaft. du kannst reden und diskutieren und es gibt kein böses wort, jeder lässt dem andern die freiheit und jeder merkt auch, wenn der andere vielleicht nicht so weit ist, dann bleibt das einfach so im raum und es gibt kein problem. und das mit dem waffe-in-die-hand-nehmen ist ja kein leichtes thema, das ist zentral, man.

„Herr Domaschk. Es hat keinen Zweck zu schweigen. Sie haben in der Vergangenheit zusammen viel unternommen – einiges, was in den Bereich des Persönlichen fällt und einiges, was, sagen wir mal, aus diesem Bereich hinausreicht und uns alle betrifft. Wir sind tolerant, lange Haare stören uns nicht, wenn aber diese langen Haare genutzt werden um ein Zeichen gegen unseren Staat zu setzen, um öffentlich zu bekunden damit, dass man nicht einverstanden ist, dann werden wir hellhörig. Aber auch das tolerieren wir. Wenn sich aber viele lange Haare treffen um staatsgefährdende, ja terroristische Handlungen zu begehen, die unseren Staat, also alle Arbeiter und Bauern, Lehrer, Intellektuelle, Kulturwissenschaftler, Naturwissenschaftler, Ingenieure und so weiter betreffen, dann ist das Maaß voll und wir werden geeignete Maßnahmen treffen, um diesen, als Menschenfreunde und Gammler getarnten reaktionären Kräften das Handwerk zu legen. Also bitte, wir möchten Sie schützen vor den negativen Einflüssen, Ihnen klar machen, wer Sie da in einen Strudel zieht, aus dem Sie nicht mehr herauskommen. Sie müssen uns helfen, damit wir Ihnen helfen können.

ob er das einstudiert hat? das ist reichlich steif. was soll ich sagen? das sind harte vorwürfe. die haben aber mit mir nichts zu tun.

„ich habe hunger. brauche was zu essen. durst habe ich auch."

er ging um mich rum um mich rum um mich rum. wenn ein feind dir nahe kommt, so von hinten, dann stellen sich die nackenhaare auf. das ist ganz unangenehm. also er geht um mich rum um mich rum um mich rum und zum schreibtisch zurück und sagt:

„Wir haben Zeit, viel Zeit, Herr Domaschk.“

gut, denke ich, die wollen mich hier verhungern und verdursten lassen. ich sag nichts. ich schalte wieder um auf sender freier Matz – freier rundfunk, freies fernsehn. wo war ich stehen geblieben? ach ja, junge gemeinde ...

„so leute, jetzt passiert was, was noch nie jemand gemacht hat in diesem land. wir schmieden. aber eben keine waffen, sondern einen pflug. und das aus einem schwert. und wir sind da nicht allein. selbst radio moskau hat gefunkt: „Das Gebot der Stunde für alle Völker ist, Schwerter in Pflugscharen umzuschmieden.“ und wenn radio moskau das bringt und der sprecher nicht im lager landet, dann kann das nicht so falsch sein!“

was ist mit mir denn los? ich spreche ja wie im rausch. bin irgendwie aufgedreht. es ist sonst nicht meine art, vor vielen menschen so loszulegen. ich nehme mal an, dass ich stine imponieren wollte. oder aber, es liegt mir einfach am herzen. oder es ist beides zusammen. ein anderer hatte noch was zu sagen.

„Ich finde, wahrer Sozialismus ist die Verwirklichung der Bergpredigt auf Erden."

„Wie kommst du denn darauf?"

„Was heißt denn Sozialismus wirklich? Es meint doch, das alle gleich sind, dass alle gleich viel Wert sind, dass alle alles gemeinsam erwirtschaften und teilen, dass alle füreinander da sind, dass alle sich dem Gemeinwohl verpflichtet fühlen."

„Ja, klar und ich bin der Weihnachtsmann. Sieh dir doch den Sozialismus an? Da gibt es die da oben und die da unten. Es gibt die, die Recht haben und die, die sich irren. Es gibt Freunde und es gibt Feinde. Und die da oben haben ein Parteibuch und eine Geheimpolizei, haben die Zeitungen, das Fernsehn, das Radio und die da unten haben ihre Träume und das war's. Und wenn du zu viel träumst, dann kommen die Traumfänger und sammeln dich ein und sorgen dafür, dass du aufwachst und dass deine Haare kurz geschoren werden und dein Gehirn mal richtig durchgewaschen wird."

gute rede man. das war richard. mein freund richard. klarseher und fußballer. geht auf die sportschule und spielt bei carl zeiss und ist ein so heller kopf, dass du eine sonnenbrille aufsetzen musst, wenn du mit ihm sprichst.

„Hey, sachte, sachte, Leute, keinen Stunk hier, Respekt, immer Respekt, wir wollen doch gewaltfrei diskutieren und alle

Argumente in Ruhe austauschen."

blase wieder, der bär, der mit seinem großen fell uns alle wärmt und diese ruhe ausstrahlt, diesen frieden. ich liebe ihn. er ist mein bruder. er ist ein heiliger. ein heiliger bär.

„Lasst uns jetzt mal was m a c h e n. Lasst uns schmieden und gemeinsam feiern. An dem Feuer könnt ihr auch die Bratwürste braten, die besten, die habe ich von Jakob geholt, dem Fleischer aus der Bachstraße, ihr wisst schon."

klar, bratwürste mussten natürlich sein, thüringer, damit der dicke bär auch satt wird. ich mag die dinger nich' so, mit ihren fettgriefen oder wie man das nennt. aber jakobs waren schierer oder koscherer oder wie man dazu sagt.

ich hatte noch nie geschmiedet und richard war mir wieder mal voraus. er zeigte mir alles. er protzte ziemlich rum, hatte so ein muskelshirt an und seine dicken muskeln spielten mit hammer und amboss. ich kleiner schmalhans musste zuerst den blasebalg bedienen, damit richtig gut glut kommt. aber dann zog ich dicke lederhandschuhe über, nahm einen hammer und mit der zange das schwert aus dem feuer. es glühte und ich begann, darauf rumzuschlagen. das ding verformte sich gut und schnell, aber nich' so, wie's sein sollte. wir machten das zu zweit, immer abwechselnd schlugen wir auf das schwert. immer wieder rein ins feuer und von neuem draufgehau'n. am ende schwitzte ich wie ein blöder und musste mit ansehen, wie stine sich kaputtlachte, als sie mich da schmieden sah. aber sie sah mich, sie sah mich an – und das war wichtig. blase half mir dann noch ein wenig und aus dem schwert war ein pflug geworden – mit viel phantasie. ich ging triumphierend durch die räume und alle riefen: „Schwerter zu Pflugschar‘n, Schwerter zu Pflugschar‘n ...“ - na gut, dass hab ich jetzt geträumt ... wir haben das ding dann an die wand gehängt. es war toll. so muss das sein, nich‘ immer nur blöd rumquatschen, sondern was machen. ich hatte lust, mir ’ne knarre zu besorgen und da ’nen knoten in den lauf zu schmieden. Blase hatte recht, kein mensch sollte eine waffe in die hand nehmen, dann gäb es keine kriege, kein töten, kein morden, kein abschlachten, mein vater hätte noch seine beiden beine, meine großväter lebten noch, ich hätte sie berühren und umarmen können. stattdessen habe ich nur die inschriften geseh‘n auf dem kriegerdenkmal im dorf. der großvater liegt heute noch im finnischen meerbusen auf dem meeresgrund, weil er maschinist war auf einem zerstörer, der bei nacht und nebel in seine eigenen minen gefahren ist. und du kannst dir ja vorstelln, was passiert, wenn du auf eine mine fährst, die explodiert, reißt den bauch des schiffes auf und du bist maschinist ganz unten im maschinenraum. keine chance. ja und urgroßvater liegt in frankreich, ist im mai 1918 noch gefallen. ich war noch nie an seinem grab, falls es sowas gibt. wie auch. ich komme hier ja nicht raus aus diesem land. nicht mal zu den gräbern der ahnen fahren kann ich. ich freu mich schon, wenn irgendwann diese grenze durchlässig wird, dann fahre ich dahin und grüße meine ahnen. naja, und wenn die die waffe verweigert hätten? sie wären im lager gelandet und dort jämmerlich verreckt. oder sie hätten gleich 'ne kugel in den kopf gekriegt. wie kriegen wir das nur hin, dass alle das einsehen, wie kriegen wir nur alle davon überzeugt?

jetzt reichts aber, man, lass gut sein. jetzt wir gefeiert. Ich gehe zu stine und was sehe ich? richard sitzt schon da. dieser mistkerl. der hat doch schon 'ne freundin. zum glück beginnt jetzt die band. ich gehe rüber und frage, ob wir zusammen tanzen woll'n. sie lacht. und ab geht's.

wir hüpfen rum, trinken ab und zu was und bei einem lied haben wir dann zusammen getanzt – also richtig zusammen. irgendwie sind wir da so richtig innig geworden, einfach so. das lied hieß „gut sein" und ging so: also ganz langsamer rhythmus, gitarre, bass, schlagzeug - spärlich, leise, dann der gesang, eher so'n sprechen: „stell mich mitten in den regen (rehhhhgen), glaub an seinen tropfensegen (sehhhhhgen), spinn mich in das rauschen ein und versuche gut (guuut) zu sein … stell mich mitten in den wind, glaub an ihn und bin ein kind, lass den sturm in mich hinein und versuche, gut zu sein … stell mich mitten in das feuer, liebe dieses ungeheuer, folg' des herzens rotem wein und versuche gut zu sein …" und so weiter[6]. richtig gut. danach sehen wir uns an und es ist klar,

[6] Lied von „Airtramp", einer Band aus Jena, die sich 1983 gründete, hier im Buch (1981) aber schon auftaucht, weil Menschen und Orte (Junge Gemeinde Jena) eine innere Verbindung und ähnliche Ideale haben sowie sich für Demokratie und Meinungsfreiheit einsetzen.

dass da was angefangen hat. das spürt man doch. ihre augen und so, ganz mir zugewandt. da musste nich‘ groß fragen: „wolln wir zusammen gehn?“ da kannste gleich ganz andere fragen stell‘n. theoretisch. ich sage erstmal nichts und wir gehen spazieren. nebenbei sagt sie, dass sie ’ne eigene bude hat und das wir da was trinken können. na siehste. so geht es, ganz nebenbei, wenn es wirklich wichtig ist. sie hat also eine eigene wohnung. oh man, wie sehnte ich mich nach ’ner eigenen wohnung. wir gehen also mitten in der nacht durch die straßen und unterhalten uns noch über das wehrdienstthema. da steckt so viel drinne und wir merken, dass wir uns darüber unterhalten, was wir wollen im leben und wie wir das erreichen können und was uns daran stört. es war gut und wir redeten, als würden wir uns schon lange kennen.

„Matz, glaubst du an Gott?“ „nee, nich‘ so, nicht wie du, nicht wie in der kirche. ich glaub‘ schon, dass da was is‘, ’ne höhere macht, was unendliches, aber nicht so im sinne von sünde sünde sünde und schuld und schuld und schuld und dass jesus am kreuz für mich gestorben ist. das finde ich schrecklich, dass er sich geopfert hat, für mich, für dich, für alle alle zeit … das ist verrückt und schrecklich. und sein vater hat das von ihm verlangt, hat nicht eingegriffen, alles so laufen lassen. an das baby glaub ich, also jesus, als er geboren wurde, als verbindung von himmel und erde, als das göttliche auf erden, an seine bergpredigt, ja, das finde ich gut, aber die ganzen rituale, das gemeinsame gemurmel, das militärische sprechen … das ist nichts für mich.“

„Aber du kannst dir nicht die Rosinen rauspicken. Eins gehört zum andern und alles hängt zusammen. Rituale gehören dazu.“

„ja, schon, aber ich glaub‘ mehr an das göttliche im menschen, glaube an mich und meine kraft, an inspiration, an freude, an liebe, an das gute im menschen, an ehrliche beziehungen. ich finde das nur selten im leben - eher in büchern. hast du schon mal tolstoi gelesen? der gott in uns – ja, er spricht vom gott in uns, den es zu entdecken gilt. ich glaube auch, dass das so gemeint ist mit jesus – er ist ein mensch und gott, weil in uns allen gott ist, das klingt doch logisch. von gott sind wir geschaffen – naja, zumindest symbolisch ...“

„Du redest einen Quatsch, symbolisch... Gott in uns... Das hab ich noch nie so gelesen.“

„aber du fühlst es doch. fühlst du es nicht? jetzt gerade? ich fühle gott, wenn wir uns so unterhalten und wenn ich dich so anschau und du mich so anschaust. das ist doch der sinn, von dem walter sprach, ja, das ist der sinn. da ist gott, er ist bei uns, er ist in uns.“

„Du Spinner, lass‘ gut sein. Hier, wir sind da. Lass uns reingeh‘n.“

eine alte tür wird aufgeschlossen. wir gehen durch einen flur, einen uralten flur mit herabfallendem putz. dann holztreppen nach oben. alte treppen, das holz ausgelatscht. das klo ist auf dem flur. wir gehen vorbei in die wohnung.

ich schaue mich um. eine küche, schön geräumig, aber ohne fenster. dann ein kleines zimmer und ein großes zimmer, das wohnzimmer. keine türen, nur decken als abtrennung und damit es warm wird. alte kachelöfen in jedem zimmer. gemütlich, ja gemütlich. alles alt, unpraktisch, gemütlich. gefällt mir. stine geht ins wohnzimmer und legt eine platte auf. sie macht kaffee dazu und wir schlürfen diesen schwarzen, dicken, süßen, aufgegossenen kaffee. wir hören und schauen uns an. keiner sagt was. es ist schön. sie fragt mich, ob ich den ofen anheizen könnte, weil es so kalt hier drin ist. klar, mache ich. holz und kohlen sind im keller. es macht spaß und das feuer knistert schön. leider wird es nicht gleich warm, so ein kachelofen braucht zwei stunden, bis er das zimmer wärmt. dann hält das aber auch lange an. wir setzen uns auf's sofa und stine holt eine dicke decke, die wir über uns legen. so hören wir musik. Stine schläft irgendwann ein. träume ich? wir tanzen, so ganz eng, knutschen dabei. langsam beginne ich, sie auszuzieh'n und sie lässt es geschehn. wir tanzen und ich ziehe ihren pullover aus, dann ihr unterhemd, berühre ihre brüste, küsse sie. auch sie zieht mir den pullover aus und unsere brüste berühren sich. naja, so geht das weiter und dann liegen wir auf dem teppich und liebkosen uns, so, als hätten wir schon jahre aufeinander gewartet. +++

+++ Tag II

+++ Kapitel 4

Matz machte das richtig gut. Er erinnerte sich, schaffte sich Freiraum im Innern und konnte so nicht „gefasst“ werden. Innere Freiheit kann einem keiner nehmen. Solange er in dieser lebte, konnten sie ihm nichts anhaben, solange er in dieser lebte, war er geschützt in seiner Welt. Da kamen sie nicht rein. Er durfte nur nicht zweifeln, nur nicht wankelmütig werden, sich nur nicht von sich selbst entfernen ...

die tür geht auf und nummer zwei kommt rein. er flüstert mit nummer eins. ich höre kurz die namen stine und richard. sind die auch hier. was haben sie vor? das ist ein trick, ein wirklich flacher trick. stine ist schwanger, man. wenn ihr was passiert. ruhig bleiben, ganz ruhig bleiben. nummer eins geht raus. nummer zwei bleibt.

„Du willst doch bestimmt bald wieder raus, zu deiner Freundin, oder? Wir haben Zeit, viel Zeit. Deiner Freundin geht's gut. Wir haben sie ja im Blick. Sie hat wohl Wehen und muss-

te wegen einer kleinen Komplikation ins Krankenhaus. Nicht weiter schlimm. Es war wohl die Aufregung, als sie erfahren musste, dass du hier bist."

ich sprang auf: „was ist passiert? Lüg' mich ja nicht an. du lügst mich an, ich seh's. und duz mich nicht. wenn Stine oder unserm kind was passiert, dann gnade dir gott."

„Gottes Gnade ist mir ziemlich egal. Aber solche Weicheier, wie du eines bist oder deine Freunde, die machen mich kirre, da juckts mir in den Fingern, da krieg' ich Lust auf mehr. Hier die Unschuldigen spielen und heimlich gegen den Staat kämpfen. Nach Berlin fahren und den Parteitag stören wollen."

„hör auf mit dem scheiß. scheiß auf den parteitag, was ist mit Stine, was habt ihr ihr gesagt?"

„Nun, dass du hier bist und dass das wohl eine Weile dauern wird. Hier kommst du so schnell nicht raus. Weißt du, was das ist, Schwerter zu Pflugscharen zu schmieden mit einer Schmiede, die aus einem volkseigenen Betrieb stammt? Das ist Diversion, mein lieber. § 103. Wer nämlich Gegenstände und Materialien in anderer Weise dem bestimmungsgemäßen Gebrauch entzieht, um die sozialistische Gesellschaftsordnung der Deutschen Demokratischen Republik zu schädigen, der wird mit Freiheitsstrafe nicht unter drei Jahren bestraft. So sieht's aus, mein lieber Freund ..."

„so'n unsinn. was konstruierst du da? und ich bin nicht ‚dein lieber freund', dass das klar ist."

„Ich konstruiere nichts. Ich denke bloß daran, dass ihr mit einer kleinen Schmiede aus dem Betrieb VEB Carl Zeiss Schwerter zu Pflugscharen geschmiedet habt, mit der Steinkohle habt ihr das Feuer gemacht, mit den Werkzeugen des Volkes ein Schwert, symbolisch für die Verteidigungskraft des Sozialismus, zerstört, um einen Pflug daraus zu machen. Hast du schon mal gehört, dass wir Schild und Schwert der Partei sind? Wir werden die Partei und die Bevölkerung schützen vor solchen Leuten wie dir, die den Sozialismus verteidigungsunfähig machen wollen und somit dem Feind Tür und Tor öffnen."

„ihr habt doch'ne macke. ihr habt den verfolgungswahn. ich hab nichts damit zu tun, ich wusste nicht, wo das zeug herkommt. und außerdem, hör mal radio moskau, daher haben wir das und was aus moskau kommt, vom bruderland, das ist gesetz. wie heißt es doch immer so schön? „Von der Sowjetunion lernen heißt siegen lernen."[7] ich sag dir eins, wenn Stine was passiert, weil ihr dumme spiele spielt, dann ..."

---

7 „Schwerter zu Pflugscharen", Teilzitat aus der Bibel. Prophet Micha 4/1-4: „Er (Gott) wird unter großen Völkern richten und viele Heiden zurechtweisen in fernen Ländern. Sie werden ihre Schwerter zu Pflugscharen und ihre Spieße zu Sicheln machen. Kein Volk wird gegen das andere das Schwert erheben, und sie werden fortan nicht mehr lernen, Krieg zu führen. Ein jeder wird unter seinem Weinstock und Feigenbaum wohnen und niemand wird sie schrecken." 1959 schenkte die Sowjetunion der UNO eine Bronzeskulptur, die das Motiv plastisch darstellt. Sie drückte damit ihren Friedens- und Abrüstungswillen in der Zeit der Aufrüstung und des Kalten Krieges aus. Das Teilzitat und die Darstellung der Plastik wurden zu einem Sinnbild der Friedensbewegung in der DDR.

„Was dann?“

„dann gehe ich, wenn ich hier rauskomme, zu deinen kindern auf den spielplatz und erzähle ihnen, was du so machst, was du anrichtest mit deiner arbeit, was du für ein schwein bist.“

treffer: nummer zwei wird kreidebleich, kannst du dir das vorstell‘n? er wollte mich in die zange nehmen und jetzt wird er kreidebleich. er wollte hier den dicken machen. er kommt auf mich zu, packt mich am kragen, drückt zu und sagt:

„Wenn du das tust, dann gnade dir Gott, mein lieber, ich glaube, ich sitze hier am längeren Hebel und außerdem“ - jetzt fing er sich wieder - „eh, du rauskommst, sind meine Kinder groß.“

er lachte kurz, ließ mich wieder fallen wie einen nassen sack. ich hatte ihn aus der ruhe gebracht. er drohte mir. er war aus der fassung, schlug mit der faust auf den tisch und brüllte:

„Also was wolltet ihr in Berlin? Wer sollte alles noch teilnehmen? Nenn‘ uns den Grund der Reise und die Namen und wir sind hier durch.“

„ich habe hunger, ich habe durst.“

nummer eins kommt in den raum. sie flüstern. nummer zwei geht wieder raus. *„Wir sehn uns noch!“*, flüstert er mir beim rausgehn ins ohr.

„Herr Domaschk, entschuldigen Sie bitte meinen Kollegen, er ist ein wenig nervös. Und dass Sie besorgt sind, na, dass ist mir völlig klar. Meine Frau ist auch schwanger. Wir beide werden also demnächst Vater. Was für ein Zufall.“

er will nett sein, dass schwein. ja, vater werd ich, sitze aber hier und kann nichts tun.

„ja, ich werde vater und sitze hier und kann nichts tun. wenn der nicht gelogen hat, ist was mit stine und ihr haltet mich hier fest. was wollt ihr?“

„Ihrer Freundin geht es gut. Mein Kollege hat ein wenig übertrieben. Sie macht sich Sorgen um Sie. Wir wollen nur, dass Sie uns den wahren Grund der Reise nennen und die Namen derer, die mit Ihnen, dort in Berlin, „feiern“ wollten.“

„das wisst ihr doch längst. ihr habt doch garantiert die wohnung gestürmt und alle festgenommen, die da waren. wir wollten zu einer feier und ich weiß nur von peter, der mit mir im zug saß. aber auch das wissen sie.“

„Also Ihr Freund Peter ist ein wenig gesprächiger, bei Ihnen dauert alles etwas lange.“

ich glaub dir kein wort. blase und gesprächiger. der blufft, der hund ist gerissen und nicht ganz so plump wie nummer zwei.

„sie wissen doch, wir reisen gerne, sind gerne mit anderen zusammen. da ist nichts, was den staat gefährden könnte."

„Ja, wir wissen, dass sie gerne reisen. An der Straße stehen und trampen, mit dem Moped oder Motorrad in entfernte Gegenden, wo sie ganz allein sein können und in Ruhe über alles nachdenken, planen, was sie für Aktionen starten könnten, wenn man schon kein Abitur mehr machen kann."

„dafür kann ich nichts."

„Ach nein, wer dann?"

„ich nehme an ihr, du und deine kollegen."

„Nein, da konnten wir nichts machen. Da war ein alter verdienter Kader im Spiel ..."

„ja, ein kommunist, der im kz gesessen hat und deshalb alles darf."

„Ja, das tut mir auch leid, Herr Domaschk, aber da konnten wir nichts machen. Vielleicht, wenn Sie kooperativ sind ..."

„hören sie auf."

ich schaltete wieder um auf sender freier Matz ...

ich sitze in der schule, in einer versammlung zum thema: „an der seite der genossen.“ ein alter kommunist kommt zu uns und redet.[8]

„Liebe Jugendfreunde, danke für eure Einladung. Sicher kennt ihr meinen Namen, aber noch nicht meine Geschichte. Als ich so alt war wie ihr, war ich in einem Konzentrationslager. Verhaftet und eingesperrt, weil ich Kommunist bin. Verhaftet, eingesperrt und gefoltert. Ich war in Buchenwald, sah die Juden, die Homosexuellen, die Zigeuner, die Christen. Es sind doch einige Christen unter euch. Ja, der Bonhoefer hat dort gesessen und war ein guter Christ, kein Nazi konnte ihn beugen. Er wäre auch ein guter Kommunist gewesen. Alle versuchten zu überleben. Es war schlimm. Aber das ist vorbei. Zum Glück hat die Rote Armee uns befreit, auch Sachsenhausen, bevor sie mich erschießen konnten. Ja, deshalb ist es für mich ein Bedürfnis, vor euch zu sprechen zu dem Thema „An der Seite der Genossen“. Was heißt das? Es heißt, dass man nicht abseits stehen kann, es heißt, dass man sich entscheiden muss, es heißt, dass man ein klares Ziel haben muss und dass man Charakter zeigt. Ihr lernt hier an der Schule. Eine hervorragende Schule, fachlich ganz ausgezeichnet. Aber auch charakterbildend? In

[8] Die folgenden Ereignisse, die zum Rauswurf Matzes aus der Schule führen, sind einem anderen Fall entnommen, da zu den konkreten Ereignissen an Matzes Schule keine Materialien vorhanden waren. Alle Ereignisse sind rekonstruiert nach den Akten der Staatssicherheit. Der Fall ereignete sich im gleichen Jahr 1981 an einem anderen Ort und zeigt, dass es an vielen Orten in der DDR Jugendliche gab, die keine Lust mehr auf die Lügen und den Selbstbetrug der Partei hatten und echt und ehrlich sein wollten – und dabei vom öffentlichen Leben ausgeschlossen wurden.

meiner Zeit war für mich an eine solche schulische Laufbahn nicht zu denken. Wenn Frieden gewesen wäre, hätte ich in eurem Alter in einer Fabrik geschuftet, als Maschinenschlosser. Nach der achten Klasse war Schluss, meine Eltern hätten mir eins gepfiffen, wenn ich nicht eine Ausbildung begonnen hätte und selbst Geld verdienen würde. Sie kamen ja selbst nur über die Runden. Und ihr? Ihr sitzt hier Tag für Tag und lernt, lernt Sprachen, lernt Naturwissenschaften, lernt Zusammenhänge in der Gesellschaft, Geschichte und Geographie. Es kostet eure Eltern keinen Pfennig. Wisst ihr, wer das bezahlt? Der Staat. Und wisst ihr, wer das ist? Die Arbeiter und Bauern, besonders die Arbeiter und Bauern, unter der Leitung der Partei, der Genossen.

Nun habe ich gehört, dass aus eurer Klasse nur einer Kandidat, einer von sechsundzwanzig, ein Kandidat für die Partei ist. Wie, frage ich mich, geht das zusammen? Warum, frage ich mich, sind so wenige von Ihnen Kandidaten der Partei?"

es war ganz still. alle schauten nach unten. keiner wollte was sagen. was du auch sagst, es wäre falsch gewesen. in diesem moment sagt unsere lehrerin:

„Matthias, bitte, was sagen Sie dazu?"

ich erstarrte. ich überlegte. was sagen? es ist sehr still im raum.

„also, ich finde, dass man erst lebenserfahrung sammeln muss, um so eine entscheidung zu treffen. es muss doch eine wohlüberlegte entscheidung sein. es gibt ja auch viele beispiele, wo leute das nur aus karrieregründen machen. und das sind dann meist die leute, die fachlich nicht so gut sind und dann auf den posten sitzen, wo eigentlich leute sitzen müssten ..."

„Es reicht. Das ist ja wohl der Gipfel? Sie meinen also, dass auf den wichtigsten Posten unseres Staates unfähige Parteileute sitzen?", entgegnete der Veteran.

„naja, nicht überall."

„Nicht überall? Und wo?"

„naja, das ist jetzt schwer zu sagen. aber wenn ich mich in unserer klasse umschaue, dann ist ja auch einer kandidat der partei, der nich' so die leuchte ist." (alle lachen leise und unterdrückt)

„Ej, du spinnst wohl, du arrogantes Arschloch. Bist ja selbst nicht besser", empörte sich Hannes, der Kandidat der Partei unserer Klasse.

„Ich bitte um Ruhe", rief jetzt die FDJ-Sekretärin. Die Lehrerin hatte sich mental verabschiedet, der Veteran kochte.

„Ich bin entsetzt, was hier los ist. Eine zwölfte Klasse. Sie sitzen da und schlafen, es muss einer aufgefordert werden zum Sprechen und dann offenbart sich diese Haltung. Ich bin fassungslos."

er war spürbar getroffen.

„ja, aber uns brennen die aktuellen probleme mehr unter den nägeln als die geschichte des antifaschistischen widerstandskampfes. täglich hören wir das und stumpfen ab dabei."

das war der berühmte tropfen, der das fass zum überlaufen bringt ...

„Jetzt weiß ich, warum in dieser Klasse nur einer Mitglied der SED ist, weil dies ein Hort der Reaktion ist, das ist ja staatsfeindliche Hetze. Abstumpfen, jeden Tag müssten deine Eltern dir das um die Ohren haun, deine Frechheit aus dir rausprügeln. Dieses Gespräch wird Folgen haben. Hier wird der Sozialismus verhöhnt und somit dem Kapitalismus das Wort geredet."

unsere fdj-sekretärin, um versachlichung bemüht, machte alles nur noch schlimmer. anstatt die kurve zu kriegen und ein anderes thema anzuschlagen, fragte sie weiter:

„Matthias, was meinst du mit aktuellen Problemen?"

„warum soll ich immer reden? sollen doch die andern mal was sagen."

„Aber du hast angefangen mit dem Thema.“

„ein aktuelles thema ist die aufrüstung. hier, bei uns und in der welt. ich sehe in dieser beziehung den unterschied zwischen sozialismus und kapitalismus nicht. beide seiten verschwenden ihren reichtum für die rüstung. ich bin gegen jegliche waffen. das ist für mich ein aktuelles thema.“

der veteran zitterte, wir bekamen es mit der angst zu tun. wenn der alte jetzt hier umkippt und stirbt ...

„Ich sage Ihnen eines: Die Faschisten, also die Erscheinungsform des Kapitalismus, sind nicht mit bloßen Händen und gutmütigem Gerede zu besiegen gewesen. Ich wäre im Lager erschossen worden, wenn Leute wie Sie das Sagen gehabt hätten. Sie haben Auffassungen wie eine dreijährige Rotznase und wollen Abitur machen. Außerdem sollte Ihnen bekannt sein, dass niemand seinen Besitz von alleine abgibt. Was meinen Sie, warum die verarmten Volksmassen Lenin zu Tausenden, ja zu Millionen folgten? Sie wollten raus aus ihrem Elend, raus aus Elend und Ausbeutung. Die Herrschaft muss errungen werden. Revolutionen sind die Lokomotiven der Geschichte, das wissen Sie doch hoffentlich. Und Revolutionen waren noch nie friedlich. Sie sind naiv und haben noch viel zu lernen.“

jetzt hatte ich ihn und er mich. es gab kein zurück.

„die volksmassen folgten lenin, weil er ihnen die macht versprach. die revolutionen mögen die lokomotiven der geschichte sein – aber wer ist der lokomotivführer? etwa gott? und wer treibt die lok an? das ist das feuer, es sind die kohlen, die verbrannt werden. die volksmassen sind die kohlen, die die lok antreibt, sie sterben zuhauf in dieser geschichte. und die lokführer sind die ideen. es sind doch nur ideen und die menschen werden diesen geopfert. das ist im kapitalismus so wie im sozialismus. schauen sie sich doch an, wieviele menschen in den lagern stalins gestorben sind? sie selbst waren in einem lager, nur unter anderen vorzeichen. Wie können sie sowas gutheißen?"

die lage eskalierte. die versammlungsleitung, also die lehrerin und die fdj-sekretärin, waren rot angelaufen und ihre stimmen versagten. besser gesagt, das herz war ihnen in die hose gerutscht, es war jetzt zu viel für sie. da waren keine einfachen floskeln mehr, es ging ans eingemachte. der veteran setzte an, seine stimme war brüchig, er wurde laut und deutlich:

„Das ist ja unerhört, jetzt setzen Sie die Lager der Faschisten mit denen Stalins gleich, in denen Feinde des Kommunismus ihre gerechte Strafe abgesessen haben. Sie sind ein Feind unserer Republik und gehören nicht auf diese Schule. Ich werde dafür sorgen, dass nach diesem Gespräch sich einiges ändert in dieser Klasse. Da müssen Köpfe rollen, auch unter der Lehrerschaft. Für mich ist dieses Gespräch beendet."

„welches gespräch. sie beschimpfen uns uns doch nur."

„Ja, genau so, diese Frechheit wird ein Nachspiel haben."

die tür knallte. der veteran war weg. wir verkrümelten uns. einige wollten sich mit mir unterhalten, manche fanden gut, was ich gesagt hatte, manche waren anderer meinung. aber alle hatten nichts gesagt und jetzt wollte ich nichts mehr sagen. ich hatte nichts gegen den arbeiterveteran, aber ich musste doch meine meinung sagen dürfen. noch dazu, wenn ich aufgefordert werde.

ich hätte nur sagen können:

ja, herr arbeiterveteran, sie haben recht und jetzt, wo sie es sagen, wird mir klar, was ich bisher falsch gemacht habe. ich danke ihnen dafür, dass sie mir die augen geöffnet haben und beantrage hiermit, als kandidat der SED aufgenommen zu werden … (beifall, starker beifall)

und dann wäre er ganz lieb gewesen und hätte gesagt:

„Danke, Jugendfreund, vielen Dank für Ihre selbstkritischen Worte und für Ihre konsequente Haltung. Das ist sehr gut, wenn man erkennt, dass man auf einem falschen Weg war, dass dann schnell zu korrigieren und die richtige Richtung einzuschlagen. Sie haben eine echte Haltung und ich werde mich dafür einsetzen, dass Sie so bald als möglich in die Reihen der

Genossen aufgenommen werden."

so in der art etwa. es sind ja immer nur kleine nuancen, die dich vom weg abbringen. Ein falscher gedanke und den auch geäußert – dann bist du der feind. nur freund oder feind, was anderes gibt es nicht. ja, und ich jetzt, einer von 26 – wieviel prozent sind das? einer steht im regen. die anderen gehen nach hause und verbringen einen schönen tag. sie gehen schwimmen oder ins kino oder in die bibliothek oder die arbeitsgemeinschaften an der schule. der staat kümmert sich, keine frage, aber ein falsches wort, ein zu langes haar, ein persönlicher gedanke, der deine lippen verlässt ... ich war verwirrt. mit wem konnte ich reden? war es zu doll? habe ich den alten mann verletzt?

eine mitschülerin folgte mir und sprach mich an.

„Matthias, wie geht's dir? Das war ja nicht so schön."

„nicht so schön? wie meinst du das?"

„Na, wie er dir gedroht hat. Und bestimmt macht er die Drohung war."

„und? warum hast du geschwiegen?"

„Ich denke anders, ich denke, er ist im Recht."

„und, warum biste nich‘ in der partei?“

„Andererseits gibt es Meinungsfreiheit und man muss doch sagen dürfen, was man denkt!“

„ja, und? warum sagst du nicht, was du denkst? dann hätte sich die lage vielleicht entspannt. da sitzen doch nur angsthasen. und alle haben recht. die angst ist die unwiderstehlichste genossin und keiner kann ihrer umarmung entgehen.“

„Also ich hab’ keine Angst. Angst habe ich nicht. Und ich möchte, dass dir nichts passiert. Andererseits leben wir von der Partei, dem Staat, müssen dankbar sein.“

„dankbar? wofür?“

„Für alles. Für den Frieden. Für die Wohnung. Für das Essen. Für die Schule. So wie es der Veteran gesagt hat.“

„dann ist ja alles gut für dich. aber lass mal. danke für dein offenes ohr.“

„Herr Domaschk, wo sind sie gerade in ihren Gedanken? Ich möchte Ihnen einen Brief vorlesen.“

„Werte Genossen,

ich halte es für angebracht, Ihnen von einem Vorfall an unserer

Schule zu unterrichten. Gerade komme ich von einer Mitgliederversammlung zum Thema: „An der Seite der Genossen." Zu dieser Mitgliederversammlung war der Arbeiterveteran Genosse Gries eingeladen. Es kam dabei zu provokanten Äußerungen gegenüber dem Genossen und unserem sozialistischen Staat. Keiner griff ein. Weder die Lehrerin noch die FDJ-Sekretärin wiesen die Provokationen zurück, keiner bezog einen parteilichen Standpunkt. Auch nicht der einzige Kandidat der SED. Ich finde, man sollte sich überlegen, ob dieser Schüler überhaupt Reif ist, in die Partei einzutreten. Wenn er nicht in der Lage ist, in einer solchen Situation konsequent aufzutreten, eine parteiliche Haltung zu beziehen, wie will er dann den hohen Anforderungen, die die Partei ihm stellt, gerecht werden?

Aus dem Genossen sprach so viel Weisheit und Erfahrung. Er tat mir richtig leid. Ich konnte mich nicht äußern, da ich meinen Status als stille Beobachterin ja beibehalten muss. So jedenfalls instruierten Sie mich. Ist das richtig? Jetzt werde ich mich einmischen. Ich werde dafür sorgen, dass die Aussagen – die ich alle notiert habe – auf den Tisch kommen, dass jeder einzelne Schüler dazu Stellung bezieht – und zwar öffentlich. Wir haben mit Bedacht den Provokateur zum Sprechen aufgefordert. Alle wissen ja, dass er skeptisch und kritisch ist. Das sollte ans Licht. Und jetzt haben wir einen genauen Einblick in die politisch-ideologische Situation in unserer Klasse. Im anschließenden Gespräch mit dem MD (Matz) gipfelte seine Haltung in der Aussage: „Die unwiderstehlichste Genossin sei die Angst, keiner könne ihrer Umarmung widerstehn.“ Ich mag MD eigentlich sehr, aber auch ich habe Angst, Angst vor einer solchen Haltung, die die führende Rolle unserer Partei untergräbt. Das kann ich nicht durchgehen lassen. Die Ursachen sehe ich in den Kontakten vieler Jugendlicher zur Kirche. So ist das auch bei MD. Ich bin dafür, dass MD einen Verweis erhält mit der Auflage, seine Haltung zu überdenken und zu revidieren. Wenn er sich nicht revidiert, ist eine Relegation unerlässlich. Bitte greifen Sie durch. Helfen Sie. Wohin soll es führen, wenn man solchen Erscheinungen nicht rechtzeitig und konsequent begegnet? Wer kann wissen, wozu solche Elemente ihre wissenschaftliche Ausbildung nutzen. Wissenschaftler, die gegen uns arbeiten, brauchen wir nicht. Ich glaube, so krass muss man das sehen, und deshalb habe ich mich zu dieser Konsequenz entschieden.

Hochachtungsvoll G.“

ich war platt. die, die mich ansprach. die, der ich dankte für das offene ohr. sie eine von denen. freund oder feind.

„Na, Herr Domschk, was sagen Sie dazu?“

eine mitschülerin, bei der stasi. nie wäre ich darauf gekommen. aber kann das stimmen? wie können die mir was vorlesen, woraus ich entnehmen kann, wer in unserer klasse stasispitzel war? ich kenne die doch? ich kann jetzt hingehen zu ihr, kann sie enttarnen. da ist was faul.

„Sie sagen ja gar nichts. Ich glaube, sie mochte sie sehr. Sie wollte Ihnen helfen, wie auch wir Ihnen helfen wollen.“

zuhause erwartete mich nichts anderes. meine eltern waren schon da und informiert.

„Setz dich, Matthias, wir müssen reden. Heute war die Stasi bei mir. Du hast einen alten Genossen sehr verletzt und gegen die Parteilinie gesprochen. Ich will, dass du morgen in die Schule gehst und das klärst.“

„wollen wir reden, vater, oder?“

„Ich will, dass du das klärst, dass du deine Worte zurücknimmst.“

„nichts werde ich zurücknehmen, ich habe alles so gemeint, wie ich es gesagt habe.“

„So, du hast alles so gemeint? Meinst du auch, dass ich deinetwegen meine Stellung verliere? Meinst du, dass deine Mutter einen Nervenzusammenbruch bekommt, weil die Stasi sie auf Arbeit besucht? Meinst du, dass dein Leben wichtiger ist als unseres? Deine halbseidenen Weisheiten, dein pazifistisches Gerede?“

„du hättest noch beide beine, wenn keiner eine waffe ergreifen würde.“

„Was weißt du davon? Wenn die Rote Armee nicht mit ihren Millionen von Opfern auf dem Schlachtfeld gekämpft hätte, dann würden noch heute die Öfen in Auschwitz brennen.“

„ja, aber nur, weil ihr alle, auch du, diesem idioten, diesem vernichter gefolgt seid.“

„Raus, raus mit dir, das lasse ich mir nicht bieten.“

Er quälte sich vom stuhl und kam auf mich zu.

„Und diesen Aufnäher hier, den machst du jetzt sofort ab.“

„auf keinen fall, der ist mir sehr wichtig.“ er fummelt an meiner jacke rum.

„Dann mach ich das, ich reiße dir das Ding vom Leib und dann ist Ruhe.“

er reißt den aufnäher ab, ich lasse es geschehen, kann es nicht fassen, bin erst wütend, dann traurig.

mutter weint.

„Hör auf, hört auf, warum müssen wir uns streiten, wir müssen doch zusammenhalten.“

mein vater tobt.

„Sei du bloß still. Wer hat ihn denn zur Kirche geschleppt, du wolltest, dass er konfirmiert wird und nun ist er in diesen Kreisen und zerstört uns alle."

ich stehe auf, langsam, aber bestimmt. „ich gehe jetzt. ich hau' jetzt ab."

„Bleib hier Matthias, bitte bleib hier, Vater meint es nicht so, bitte geh' nicht."

„mutter, man kann nicht alles mit der tischdecke zudecken, auch nicht, wenn da die schönsten kuchen drauf stehen. wenn am tisch menschen mit problemen sitzen, die sich aber nicht zuhören, sondern einander niedermachen, dann hilft da auch kein kuchen. auch nicht, wenn ich zehn stückchen davon esse. wenn kein gespräch möglich ist, ist auch kein essen möglich. du kannst nichts dafür, aber es geht nicht. ich muss los."

sie weint, sie schluchzt und ich ärgere mich, dass ich so bin wie ich bin, dass ich nicht einlenken kann. aber wie soll das denn gehen? wie soll man reagieren, wenn man seine meinung nicht sagen und vertreten darf?

es ist dunkel mittlerweile, ich wandere zur lobdeburg. ein schöner weg, um zu entspannen. erst durchs dorf und dann bergauf zur ruine. ich mag den weg. mag die umgebung. ich mag die natur. ich kann da mit allen reden, mit den bäumen, mit den ruinen, mit dem gras. ich denke in ruhe über alles nach.

bin ich zu weit gegangen? in der schule? zu hause? wie soll es weitergehen? was kann ich tun? wie soll ich leben, hier, in dieser stadt, in diesem land? ich möchte lesen, ich möchte musik hör'n, ich möchte lernen – aber eben selbstbestimmt. selbstbewusst. scheiße, alles scheiße. ich klettere auf die ruine, sehe hinab ins tal, sehe die häuser, die alten, die neubauten und es kommt mir alles fremd vor, so als würde ich nicht dazugehören. ich setze mich und singe das lied von wulf, das lied der ermutigung, er hatte es letztens in unserer wohnung gesungen:

„Du, lass dich nicht verhärten, in dieser harten Zeit. Die allzu hart sind, brechen, die allzu spitz sind stechen und brechen ab sogleich. Du, lass dich nicht verbittern in dieser bittren Zeit. Die Herrschenden erzittern – sitzt du erst hinter Gittern – doch nicht vor deinem Leid. Du, lass dich nicht verbrauchen, gebrauche deine Zeit. Du kannst nicht untertauchen, du brauchst uns und wir brauchen grad deine Heiterkeit. Wir woll'n es nicht verschweigen in dieser Schweigezeit. Das Grün bricht aus den Zweigen, wir woll'n das allen zeigen, dann wissen sie Bescheid."

ich singe das zehn mal, ungefähr und gehe runter von der ruine und bin mir sicher, dass es gut ist, dass es gut so ist, wie ich es mache. er hat recht, der wulf, vor meinem leid werden sie nicht erzittern, eher werde ich selbst vor meinem eigenen leid erzittern, ersticken an dem, was in meinem hals stecken bleibt, an all dem ungesagten, dem, was ungetan bleibt – ich ersticke an den hieben, die ich nicht ausgeteilt habe. allerdings will ich ja gar nicht, dass irgendwer vor mir erzittert, ich will nur nicht lügen, nur nicht schweigen. das muss doch möglich sein: zu sehen und zu sagen und zu sagen, was ich sehe …   +++

+++ Tag II

+++ Kapitel 5

am nächsten tag musste ich zum direktor. dort saßen dann drei wichtige leute mit betretenen mienen. ich sah bestimmt nicht so toll aus, hatte bei richard übernachtet. der holte natürlich aus der bar von seinen eltern gleich eine flasche wein.
es ging zum glück gleich zur sache. der eine fing an, ich kannte ihn nicht.

„Wir brauchen keine lange Vorrede. Sie wollen also mich, Gennossin O. und Ihren Direktor, Genossen W. und all die anderen Genossen beschuldigen, dass wir aus eigenen Vorteilen in die Partei eingetreten sind?“

„wie kommen sie darauf?“

„Das haben Sie gestern gesagt.“

„ich habe gesagt, dass es so etwas gibt, nicht dass es überall so ist.“

„Wie stehen Sie zur Partei?“

„die partei ist die führung der arbeiterklasse. ich muss das akzeptieren.“

„Sie müssen?“

„ich akzeptiere das.“

„Sie haben behauptet, Führungsposten sind oft mit unfähigen Kadern der Partei besetzt. Beweisen Sie das.“

„das ist schwer. ich will ja niemandem zu nahe treten. ich kenne das aus gesprächen von erwachsenen. man braucht sich doch nur in irgendwelchen büros umzusehen. die höheren posten sind in der regel von genossen besetzt.“

„Und damit sind sie nicht einverstanden?“

„ich sage nichts dagegen. es ist ja wohl notwendig, dass es so ist.“

die parteisekretärin sah durchdringend auf meine jacke.

„Auf Ihrer Jacke steht: US Top. Finden Sie, dass der aggressive amerikanische Imperialismus ‚topp‘ ist?“

„mir ist das noch nicht aufgefallen. ich denke, dass ist ein markenname."

„Aber Sie finden, dass die USA ein freies Land sind?"

„ich weiß nicht, was sie von mir wollen und ich möchte hier nicht über die usa sprechen, sondern über mich. ich möchte wissen, warum ich nicht im unterricht sitzen und mich auf die prüfung vorbereiten kann."

„Es gab Beschwerden."

„wer hat sich beschwert? was habe ich falsch gemacht? ich war vielleicht ein bisschen vorlaut, als der genosse da war und das tut mir auch leid, ich wollte ihn nicht kränken, er hat viele schlimme dinge erlebt."

„Sie möchten sich also entschuldigen?"

„ja."

„Sie nehmen Ihre Äußerungen zurück?"

„nein. ich möchte mich nur dafür entschuldigen, dass ich etwas forsch war, sonst nehme ich nichts zurück."

„Finden Sie also die USA topp? Könnten sie sich vorstellen, dort zu leben?

„die usa sind ein demokratisches Land und ein kapitalistisches land. man kann dort frei seine meinung äußern, muss aber auch in den krieg ziehen, wenn die regierung das verlangt. und die regierung hat ein interesse an ökonomischer und politischer macht."

„Meinen Sie, dass Sie hier nicht Ihre Meinung frei äußern dürfen?"

„das sehen sie doch. dies ist ein tribunal, sie sitzen auf der richtigen, ich gerade auf der falschen seite."

„Fühlen Sie sich unterdrückt?"

„nein, ich werde bis jetzt gefördert. ich kann mir aber vorstellen, dass es solche leute gibt, die sich unterdrückt fühlen."

„Danke, das reicht. Sie sind vom Unterricht suspendiert. Nehmen Sie Ihre Sachen und gehen Sie nicht mehr in Ihre Klasse. Kommen Sie morgen wieder, um neun Uhr. Wir erwarten sie dann."

„wie, suspendiert? was habe ich denn getan?"

ein vierter mann betrat das zimmer. ich kannte sein gesicht nicht, er gehörte nicht zur schule.

„Ich begleite Sie nach draußen."

am nächsten tag gehe ich rechtzeitig in die schule. kurz vor neun bin ich da. ich werde erwartet und zur aula geführt. in der aula sitzen alle klassen der oberstufe. als ich eintrete, schauen alle nach unten. oben, im präsidium, sitzen die lehrer und der direktor und einige mitschüler. ich muss vorne unten platz nehmen. der direktor fängt an zu reden, es geht um mich. mir wird schwarz vor augen und ich höre nichts mehr, nur eines und die letzten worte:

„Relegierung … deshalb bitte ich zuerst um die Stellungnahme der FDJ-Leitung:

da ist sie. die mitschülerin. sie schaut mich nicht an und verliest einen kurzen text.

„Das Auftreten von Matthias im Klassenkollektiv und in den letzten Versammlungen entsprach nicht den Normen eines abiturienten unserer Schule, die den Namen „Ernst Thälmann" trägt. Insbesondere sein Verhalten gegenüber dem Genossen Arbeiterveteran auf der letzten Mitgliederversammlung. Er griff Positionen und Grundprinzipien unseres sozialistischen Staates, ihrer führenden Kraft der Arbeiterklasse und ihrer marxistisch-leninistischen Partei an. MD ist nicht würdig, am Ende dieses Schuljahres die politische Reife im Abiturzeugnis bescheinigt zu bekommen. Die FDJ-Leitung stimmt deshalb einstimmig dem Relegierungsantrag des Direktors zu."

es ist ‚still im stall', so hätte meine großmutter gesagt. keiner rührt sich.

es folgt der „pädagogische rat".

„... in konsequent parteilicher Weise verurteilen die Genossen und Kollegen die Verhaltensweise und die Äußerungen von Matthias. Sie sehen darin nicht nur eine grobe und herzlose Beleidigung des Parteiveteranen, sondern eine politische Haltung, die sich gegen Grundpositionen unserer Partei- und Staatsführung richtet und die unvereinbar ist mit den Anforderungen an das politisch-moralische Niveau eines jungen Menschen, der in wenigen Wochen die Hochschulreife bescheinigt haben möchte ..."

ich höre alles wie in einem traum, als ob ich nicht wirklich dabei bin. was für ein unmensch und all diese menschen hier im saal bessere menschen als ich. es ist noch nicht zu ende. vielleicht eine andere stimme noch? oh nein, der alte, der veteran.

er zeigt mit dem finger auf mich.

„So, wie dieser Jugendfreund, hat mich noch keiner beleidigt. Aber das ist nicht so schlimm. Ich habe Schlimmeres erlebt. War es Dummheit? Ich kann es bei einem Schüler der zwölften Klasse nicht als Dummheit werten. Es ist eine gezielte Provokation, die das Ziel hat, die Mitschüler in negativer Weise zu beeinflussen und die Herausbildung junger Sozialisten zu stören. Wer die Herrschaft des Faschismus, die Herrschaft der Monopole mit der Herrschaft der Arbeiterklasse gleichsetzt, hat keine Reife für ein Hochschulstudium. Er bezieht die Position der Diffamierung und fällt der Arbeiterklasse in den Rücken. Er ist ein feiges und, nein, nicht nur feiges, er ist ein bewusst feindliches Element. Schade um das Geld, dass die Arbeiterklasse schwer erschuften musste, um die Kosten der bisherigen Ausbildung aufzubringen. Warum urteile ich mit solcher Schärfe? Weil ich in den Lagern der Faschisten gesessen habe als Vertreter der Arbeiterklasse. Und ihr alle, die ihr hier sitzt, habt etwas gutzumachen. Es reicht nicht, dass MD relegiert wird. Ihr habt dabei gesessen und keiner hat den feindlichen Ausführungen widersprochen oder sie energisch zurückgewiesen. Ihr müsst Selbstkritik üben und den intellektualistischen Weg verlassen. Es gibt nicht wenige Beispiele, wo Missbrauch der Intelligenz großen Schaden angerichtet hat. Hervorstechend ist gerade in unserer Zeit die Entwicklung in unserem Nachbarland Polen. Mangelnde politisch-ideologische Festigkeit und die Zulassung der Liberalisierung hat dazu geführt, dass der Rattenfänger Lech Walesa vor allem mit einer parteifeindlichen Intelligenz eine ernste Bedrohung für den sozialistischen Staat geworden ist. Ich könnte mir vorstellen, dass Matthias von den dortigen Ereignissen beeinflusst wurde. Und natürlich von den kirchlichen Kreisen, in denen er verkehrt. Glaube ist Opium für das Volk. Und es sieht ganz so aus, dass diese arrogante und missachtende Haltung ein Produkt des Glaubens ist. Also entscheidet euch, liebe Jugendfreunde, ob ihr Freund oder Feind sein wollt. Dafür oder dagegen. Zeigt mit eurem Abstimmungsverhalten, ob ihr gegen oder für eine Relegierung des Schülers MD seid. Ich bitte um Handzeichen.“

was war das? was war das? wohin soll ich mich nur verkriechen? soll ich wegsehen? soll ich hinsehen? ich spüre, wie hinter mir, sehe in den augenwinkeln, wie langsam, neben mir, die arme in die höhe gehen. ich sitze ja ganz vorne und kann also nicht viel mehr sehen. was tun? ich zittere am ganzen leib, der alte hat mich fertig gemacht. aber was ist mit meinen mitschülern? ich zögere, stehe dann aber auf und schaue zurück zu den ungefähr dreihundert schülern der oberstufe.

auf dem podium toben sie.

„Hinsetzen, setzen Sie sich hin, Matthias ...“

ich bleibe stehen und schaue allen ins gesicht, sie sollen mir ins gesicht sehen, von angesicht zu angesicht mich verraten. die hände sind oben. gibt es keine hand, die unten bleibt? nein, nichts zu sehen. ich suche die augen von steffen, von torsten, von bert, sie schauen alle nach unten und halten ihre hände nach oben. es ist schrecklich und schön zugleich. ein moment der ästhetik, der alles verrät über dieses land und diese menschen. ich setze mich langsam wieder auf meinen platz.

„Danke, das war sehr beeindruckend. Dieses Zeichen habe ich erwartet. Und jetzt erwarte ich die neuen Kandidaten zur Aufnahme in die Partei. Wir wollen sie mit einem Beifall nach vorne geleiten."

beifall, lang anhaltender beifall, die lehrer stehen auf. ich sitze. ob die anderen sitzen? haben sie alle eine gehirnwäsche bekommen? ich bin total fertig. ich bekomme einen brief in die hand und habe das schulgebäude zu verlassen. es ist ein brief vom schulrat. der rauswurf gemäß § 32 der schulordnung. „Hiermit wird Matthias D. von der weiteren Teilnahme an der schulischen Ausbildung ausgeschlossen. Dieser Ausschluss gilt für alle erweiterten Oberschulen der DDR. Matthias Domaschk hat in unverschämter Weise durch die Darlegung seiner Auffassungen einen Angriff auf die führende Rolle der Partei und der Arbeiterklasse in unserem Staat geführt. In maßloser Überheblichkeit attackierte er einen altgedienten Veteran der Partei und brachte zum Ausdruck, dass die Kaderpolitik der Partei keine maximale Entwicklung des Landes mit sich bringe."

da war ich also ausgeschlossen von allen schulen der ddr. und nun? wie sollte das jetzt weiter gehen mit meinem leben? schlimmer aber als der ausschluss war, dass alle meine mitschüler, alle leute in meinem alter, mir nicht mehr in die augen sehen konnten. jahrelang waren wir zusammen zur schule gegangen und nun kein blick, kein wort, sondern das gegenteil – öffentliche abwendung. und dann also geheimdienstler sogar unter uns jugendlichen. ein nettes mädchen. sie will was gutes vielleicht und macht so eine scheiße. und ich falle auch noch drauf rein. und wenn ich jetzt, mit diesem brief, nach hause gehe, dann geht das nächste theater los. hoffentlich lassen sie vater und mutter in ruhe. aber das können sie nicht. sie wollen ja die maximale katastrophe, wollen, dass wir uns jetzt zu hause streiten, dass wir uns anbrüllen, dass für immer die familie zerstritten ist. mit so einem sohn, so einem ausgestoßenen. die freunde meiner eltern werden nicht mehr zu uns kommen, sie werden sie auch nicht mehr zu sich nach hause einladen. sie werden isoliert. mein vater wird seinen posten verlieren. bin ich wirklich so schlimm? ich liebe meine eltern und ich liebe dieses leben, meine freunde – und stine, meine stine. hilf mir, gott, wenn es dich gibt, hilf mir.

„Herr Domaschk, woran denken Sie? Sie sehen mitgenommen aus? Denken Sie immer noch an Ihre Relegierung? Vielleicht an die Sitzung in der Aula? Ja, das war ergreifend. Dreihundert gegen eins. (schmunzelt) und sie fragen sich immer noch, wie das ging? An dem Tag, als Sie nach Hause geschickt, suspendiert, wurden, gab es in jeder Klasse eine Versammlung. In jeder Klasse war einer von uns, oder zwei. Wir haben uns jeden jugendlichen einzeln vorgenommen. Gefragt, was er oder sie denn so studieren will? Wie lange zur Armee gehen? Was die Eltern arbeiten? Ob sie zufrieden sind? Jeden einzelnen haben wir befragt, wie er zu Ihren Äußerungen stehe, zu den Äußerungen eines Relegierten. Und alle waren sie dagegen. Nur wenige, ein paar, zwei, waren skeptisch und haben Sie verteidigt. Leider waren Sie an dem darauffolgenden Tag krank. Sonst hätten Sie ein wenig Unterstützung gehabt. Und

es ist ja wichtig, Unterstützung zu haben. Sonst fühlt man sich so allein."

„ich möchte was zu trinken, was zu essen, was zu rauchen." ich brauche eine pause. wie spät ist es? gestern bin ich kurz vor sechs in jena losgefahren, gegen achte haben sie uns aus dem zug geholt. die ganze nacht kein auge zugemacht. bockwurst und kaffee und zigaretten. dann morgens die fahrt hier her. ankunft. warten. nicht hinlegen, nicht schlafen dürfen, warten bis zum abend. wann haben wir angefangen? es war dunkel. lange war es dunkel. es war fast mitternacht. oder? ich weiß es nicht. ich habe die orientierung verloren. und jetzt. wie lange sitze ich hier schon?

„wie spät ist es?"

keine reaktion.

„wie spät ist es?"

ein lächeln. *„Ich sage Ihnen ja: Wir haben Zeit. Zeit spielt keine Rolle für uns.*"

„ich muss auf's klo."

„Sagen Sie uns vorher noch, warum Sie nach Berlin wollten, dann können Sie auf's Klo."

es reicht. ich lasse meinem urin freien lauf. es tropft, wird feucht unter meinem stuhl.

„Domaschk, sind Sie verrückt geworden. Sie Schwein. Da behandle ich Sie mit aller Güte und Sie? Wache. Wache."

Der Vernehmer drückt einen Knopf und die Wache erscheint.

„Nehmen Sie dieses Schwein hier raus. Stellen Sie ihn unter die Dusche und dann wieder zurück. Das ist ja eklig. So eine Sauerei."

Währenddessen treffen sich die Vernehmer im Nebenzimmer:

„Also bis jetzt passiert ja nicht sehr viel, Hauptmann Peißker. Was soll'n das werden? Sie machen jetzt weiter, Seidel. Und denken Sie an den Grundsatz. Soll ich den noch mal wiederholen?"

„Nein, alles klar Genosse Oberst Weigelt."

„Also, härtere Gangart. Zuerst ohne Klamotten."

„Ohne Klamotten? Ja, wenn der absichtlich einpisst, die Sau, dann muss er die Konsequenzen tragen."

„Wir haben ihn seit vier Stunden verhört, Genosse Oberst Wei …"

„Na und? Der kann sich nicht zusammenreißen. Mal sehn, wie lange der das aushält. Kein Essen vorerst. Kippen ja, Kaffee ooch, dann kriegt der das Zittern. Ich denke so geht's. Los geht's, Seidel. Das Ziel lautet: Brechen. Brechen Sie ihn. Er soll alles erzählen." +++

+++ Tag II

+++ Kapitel 6

ich darf duschen. das ist herrlich. ich stehe da unter der dusche und genieße jeden tropfen wasser. denke an das lied von airtramp: „tropfensegen“ und singe: „stell mich mitten in den regen, glaub an seinen tropfensegen, spinn mich in das rauschen ein und versuche gut zu sein ...“

„Ruhe!“, brüllt der wachhabende, der mich durch das kleine fenster beobachtet. ob‘s hier auch frauen gibt? ob die wachen dann auch durch das fenster sehen, wenn sie duschen? ich habe noch keine wärterin gesehen. nach zwei minuten wird das wasser eiskalt. dann geht es aus. ein handtuch bekomme ich nur unter aufsicht.

„Los, kommse.“

„wie, kommse. ich will gefälligst neue klamotten haben. ich geh doch nicht ohne klamotten ...“

sie packen mich an den armen und schleifen mich durch den zellentrakt zu den büros der vernehmer.

„ich protestiere, das ist folter, geben sie mir sofort was zum anzieh'n."

ich stehe hier, nackt, in einem anderen raum. diesmal eine lampe frontal auf mich gerichtet.

„Hinsetzen und Schnauze halten, Domaschk. Da reicht man dir den kleinen Finger und du pisst in den Raum. Aber an Sachen soll's nicht mangeln. Gib ihm die Sachen."

die wache hielt mir die sachen hin - es waren die alten, die stanken und waren nass.

„Na, was ist, zieh an die Sachen, andere haben wir nicht. Oder bleib so, wie die Natur dich geschaffen hat, du Naturbursche. Du bist doch gerne in der Natur, oder?"

„ich will neue sachen. ich will einen anwalt. ich will was zu essen. ich will ..."

„Ich will, will, will ... das hättest du dir vorher überlegen müssen."

ich zittere, mir ist kalt. ich sitze nackt da, das licht brennt, ich schäme mich. nackt vor diesem typen. die stimme ist anders.

jetzt ist nummer drei da. sie wollen die strategie verändern. jetzt wird's aggressiver. ich bleibe standhaft, ich werde nicht schwach, ich werde nichts sagen.

„Du stehst doch gern im Rampenlicht. Obwohl, so eine richtige Rampensau bist du auch nicht. Eher für so kleine Momente. Kleine Gedichtchen und so, um besser an die Mädels ranzukommen, was. Nicht schlecht, die Nummer: Soll ich dir mal ein Tonband abspielen? Stine und du – im Liebesrausch."

er lacht. ich springe auf und renne auf ihn zu, da tritt ein wachmann aus dem dunkel und hält mich fest. er gibt mir einen kleinen schlag ins genick und hält mich im polizeigriff.

„So, Angriff auf die Beamten. Na gut. Ich bin vielleicht ein wenig weit gegangen. Gebt ihm eine Decke. Möchtest du Kaffee und Zigaretten."

kaffee und zigaretten? oh wie gerne hätte ich beides. aber nicht von dem. nicht von dem.

„Also nicht."

ich lege mir die decke um.

„Also, eine Fahrkarte nach Berlin haben wir. Nur die Hinfahrt. Rückfahrt ungewiss. Warum?"

Schweigen.

„Also dein Kumpel hat alles gesagt. Der ist schon durch und liegt gemütlich auf seiner Liege."

„dann wisst ihr ja alles."

„Sagen wir, fast alles. Und dann haben wir noch einen hier. Rat mal, wer noch da ist in unserer guten Stube."

noch einen. wer kann das sein.

„Ein guter Bekannter. Ein Freund. Ein ganz gerissener Hund. Du warst oft mit ihm auf Reisen. Erst vor kurzem an der Talsperre."

richard. woher wissen sie, dass wir an der talsperre waren?

„Welche Pläne habt ihr da geschmiedet? Ihr Naturburschen. Statt euch um eure Familien zu kümmern, reist ihr in der Gegend rum und gammelt ab. Und schmiedet Pläne. Gegen uns. Gegen die Partei. Gegen den Staat."

er steht jetzt ganz dicht hinter mir.

„Was hattet ihr vor in Berlin? Wie wolltet ihr den Parteitag stören? Mit Vertretern westlicher Länder zusammenkommen?

Habt ihr euch an der Talsperre mit ehemaligen Jenensern getroffen?"

„eine zigarette bitte. und einen kaffee."

beides wird mir gebracht. Ich spüre, wie er sich freut, dass ich reagiere. aber ich will nur was warmes und etwas, dass mich zu mir führt. wenn ich den rauch inhaliere, dann spüre ich mich, spüre mein inneres, meinen mund, meine luftröhre, meine lunge, mein herz, mein blut …

„Nun machen Sie es sich und uns nicht so schwer. Sie haben doch nichts Schlimmes vorgehabt, dann können Sie doch sagen, was Sie in Berlin wollten, mit wem Sie sich treffen wollten etc. Auch Ihre Eltern könnten dann wieder aufatmen, denn auch die machen sich natürlich Sorgen. Sie kennen ja Ihre Mutter, die regt das immer besonders auf."

jetzt droht er und macht angst. meine mutter ...

nach der schule ging ich zu meiner mutter auf arbeit. sie arbeitete in der theologischen fakultät der universität, als bibliothekarin. es war ganz schön weit zu laufen, aber die frische luft tat mir gut. sie saß da und weinte. sie wusste also schon bescheid. ich ging zu ihr und umarmte sie. „Matz, was soll bloß werden? Wo soll das alles hinführen?"

„das wird schon, muddel. ich such mir was. ne arbeit, einen hilfsjob. im sozialismus wird doch keiner arbeitslos."

„Aber so kann das doch nicht weiter gehen. Dein Vater ist abgesetzt als Abteilungsleiter."

„ach scheiße, das können die doch nicht machen. was hat denn vater damit zu tun?"

„Wir sind deine Eltern. Deine Erziehungsberechtigten."

„aber ich bin achtzehn. volljährig. wohne in einer eigenen wohnung. was habt ihr noch mit meinem leben zu tun?"

meine mutter weinte, schluchzte.

„muddel, das war nicht so gemeint. ich komm euch ja besuchen, aber mein eigenes leben leb' ich schon, dass muss doch so sein, hast du doch auch gemacht. komm, lass uns 'nen kaffee trinken gehen, am markt ist doch jetzt ein kaffeehaus."

ich konnte meine mutter ein wenig beruhigen. wir tranken was und dann ging ich nach hause, zu stine. sie saß da mit einer freundin, schlürfte tee und ihr blick verriet mir, dieses schelmische hintergründige blicken mit leicht schrägliegendem kopf, dass sie gut beieinander waren. sie sah wohl, dass mir was auf der seele lag, aber auch, dass ich nicht stören wollte und meine ruhe brauchte. „Hej, was is'n los?"

sie kam zu mir und ihre rechte hand streifte meinen ärmel herab und berührte die meinige. unsere augen sahen sich, unsere lippen berührten sich und was zu sagen war setzte sich ohne ein wort auf unsere augenlieder.

„alles gut, ich muss nur mal allein sein." stine zögerte, weil sie wusste, was „alles gut" bedeutete, nämlich dass alles nicht gut war und sie wusste auch, dass dieses „ich muss nur mal allein sein" bedeutete, dass ich unbedingt mit jemandem in ruhe reden oder zusammensein muss. da war aber ihre freundin und es war in ordnung, dass sie da war und auch, dass stine wieder zu ihr ging, nachdem sie mich umarmt hatte. ich setzte mich in die küche, wollte erstmal meine ruhe. da klingelte es schon wieder und wer stand vor der tür? richard. mein mund lächelte und sagte meinen traurigen augen: „wie schön, dass du da bist".

„Hallo Matz, was'n los?"

„ach nischt."

„Ich muss mal Dampf ablassen. Hast du Lust? Unten steht das Motorrad. Lass uns 'ne Runde dreh'n."   +++

+++ Tag II

+++ Kapitel 7

wir setzten uns auf sein moped und fuhren los. planlos, wie mir schien, durch die ganze stadt. dann aber hinaus aus der stadt, ich sah die leuchtenburg und da ging's vorbei, dann orlamünde – und mir schwante, wo es hingehen sollte. dieses tal, diese geschwungenen wege, diese straße, vorbei an der motocrossstrecke, rein nach pößneck, berghoch, steil berghoch, nach ranis, an der burg vorbei – ich liebe diese burg (unter ihr gibt es eine geheime höhle), dann nach gössitz rauf und dann wieder runter zur talsperre. alter, das war schön. ohne ein wort kam mir das leben wieder entgegengeflogen. aber was wollten wir hier? wir hatten doch gar nichts mit? wir fuhren durch den wald fast bis zum wasser runter, an den drachenschwanz. eine landzunge, die weit in so eine riesige kurve der saale reinreichte. bei niedrigwasser konnte man da fast bis zum anderen ufer gehen.

„Lass uns ein Feuer machen."

richard machte feuer, holte aus einem koffer einen topf, goss wasser rein und kochte einen starken schwarzen kaffee. ganz, wie ich ihn mochte. wir saßen da und keiner sagte ein wort. unsere blicke trafen sich kurz und ich erzählte ihm dann alles, was in der schule passiert war.

„Lass uns schwimmen gehen."

man, bei der kälte. wir hatten auch nichts mit. aber was braucht man schon zum baden. alter, war das kalt, an schwimmen war für mich nicht zu denken. richard schwamm bis zur mitte, der alte eisvogel.

wir wärmten uns am lagerfeuer.

„Du sag mal, wie geht's dir eigentlich mit Stine?", fragte nach einer weile richard.

„gut geht's. sie ist jetzt 'n bissel anders, seit sie schwanger ist. aber sonst, alles o.k. und bei dir?"

„Och, auch gut. Manchmal ist da nur so 'ne Distanz zwischen uns. Wie eine Mauer, wenn wir uns mal länger nicht gesehen haben. Dann braucht es erst wieder 'n paar Stunden, bis wir uns nahe sind. Komisch."

„liebt ihr euch?"

„Ich liebe sie, ja, definitiv. Aber weißt du, wenn ich nach ein paar tagen zu ihr gehe und mich total freue und ankomme und sie dann küssen will und sie lieben will, also ...“

„,... also ...?“

„Ja, du weißt schon, ich dann richtig scharf bin, weil wir uns lange nicht gesehen haben, dann geht da gar nichts, dann wehrt sie das ab und sagt, wir müssten uns erstmal wieder näher kommen.“

„das ist scheiße.“

„Totale Scheiße.“

„bei stine ist das anders.“

wir grinsen uns an. richard hebt den kopf und schaut mich irgendwie von oben herab, schelmisch zweifelnd an:

„Ey Alter, hör auf, erzähl keine Märchen, erzähl bloß kein‘ Scheiß, man.“

„doch. glaub mir. es ist echt genau so. aber vielleicht vergeht das jetzt, wenn das kind kommt, sicher wird das anders.“

„Was meinst du, kann man so eine Distanz überwinden?“

„na klar. red doch mal mit ihr."

„Reden meinst du? Was soll'n da rauskomm'? Entweder sie liebt mich oder nich' – alles andere ergibt sich doch ..."

„richard, dass ist doch unfug. reden bringt immer was. aber du willst ja nicht reden, immer was machen, gleich loslegen, du willst ja immer gleich ran. du musst ihr zeit geben, geduldig sein. liebe ist geduldig."

„Weißt du was Matz, sie versteht mich. Ich habe das Gefühl sie kennt mich, das Gefühl, wir kennen uns schon lange. Weißt du, was ich meine? Also es klappt jetzt noch nicht alles und nicht immer ist da Harmonie, aber ich weiß, sie ist ein richtig guter Mensch und sieht durch meine Augen in meine Seele. Ich weiß, dass es mal richtig schön wird mit uns. Aber diese Distanz manchmal, was soll ich sagen. Ich bin anders, näher. Will verschmelzen mit ihr."

„aber du denkst doch, dass sie dir auch nahe ist, dass sie dich liebt, oder?"

„Ja, ich bin mir sicher. Ich sehe es in ihren Augen und fühle es, wenn wir in Ruhe zu zweit sind. Wenn wir reden, wenn wir wandern, wenn wir zusammen kochen, wenn wir zusammen Bilder ansehen, wenn wir uns küssen ..."

„na also, wo ist das problem. rede drüber, sag ihr, was du fühlst und ihr werdet das verändern. richtig reden, so richtig, wenn da liebe ist und jeder weiß es, was soll dann daran hindern etwas zu verändern, etwas anders zu machen?

„Recht hast du, du alter Klugscheißer. Kommst mir vor, als hättest du schon Silberhochzeit, du neunmalkluge Leseratte. Wo hast du das gelesen, was du da eben gesagt hast, he? Komm‘ schon, rück‘ raus mit der Sprache!“

er packte mich - es war so eine angewohnheit von ihm, sich fröhlich zu kappeln, wie so‘n kleiner hund sich rumzubalgen. er warf sich auf mich und versuchte, mich in‘ schwitzkasten zu nehmen. so kämpften wir eine weile, bis es genug war.

„hey, es wird bald dunkel, was machen wir jetzt? wir haben nichts mit und es wird nachts saukalt.“

„Wir können ja mal seh‘n, ob meine Eltern am Bungalow sind, zwei Stunden von hier. Ist nicht weit. Na los, nichts wie hin.“

wir verstecken das moped im unterholz und wandern los. der schmale weg schlängelt sich den berg rauf, immer in der nähe des wassers gehen wir in den dunkel werdenden tag, direkt an den schieferfelsen entlang – links der abgrund, rechts die felsen, unter den füßen steine, erde, moos. barfuß gehe ich, in meine gedanken versunken, vorweg. hinter mir richard, schweigsam und vertraut. an einer tief in den hang eingeschnittenen kehre begegnen uns mehrere damhirsche. eine ganze familie. friedlich stehen sie da, die kleinen kälbchen, die kühe und die hirsche mit ihren großen schaufeln. sie trinken aus einer quelle und fressen frisches grün, die knospen der wilden pflanzen. wir beobachten sie eine weile und bemerken die ruhe, die uns umgibt. es ist still, wie so oft gegen abend, kein wind, kein regen, kein fremdes geräusch. leise nur das flüstern des fließenden baches. die tiere bewegen sich lautlos. die schaufeln der hirsche ragen wie königskronen in die luft – sehr würdig sieht das aus und sehr besonders wirkt es in der dämmerung, im dunkelgrünen schattenlicht des waldes. die sonne ist lange verschwunden. ich schleiche mich, an den felsen geschmiegt, leise näher. bis auf dreißig meter komme ich heran. da bemerkt er mich, der hirsch, wendet seinen kopf mit den riesigen schaufeln halb zu mir herüber und sieht mich an. er sieht mich an und es sieht so aus, als ob er nachdenkt, als ob er überlegt, was zu tun ist. fliehen oder bleiben? was will das tier da? hat es ein gewehr? ist es auf jagd? ich knie nieder und warte, bin entspannt und sehr berührt. der hirsch bleibt stehen. er senkt seinen kopf, trinkt frisches wasser und schaut wieder auf. seine familie sieht abwechselnd zu ihm und zu mir. er senkt seinen kopf, frisst frisches gras und schaut auf. vertraut er mir? erkennt er, dass ich nichts böses im schilde führe? vertraut er mir mehr als mein vater? mehr als meine mitschüler? mehr als meine lehrer? er schaut mich an, trinkt wasser, frisst gras. wir kennen uns nicht, sind uns eben erst begegnet. fragt er sich, warum ich hier bin? was ich hier will? soll ich ihm erzählen, dass ich auf der flucht bin, auf der flucht vor den menschen, mit denen ich doch gern zusammenleben würde? mit denen ich gern über alles reden möchte, damit wir voneinander wissen. mit denen ich alles teilen möchte: freude und leid, arbeit und ruhe, rede und widerrede. ich will nicht allein sein. ich bin kein einsiedler. alleinsein macht mir angst. aber sie haben mich ausgestoßen. deshalb bin ich hier. im wald. laufe herum, um auf andere gedanken zu kommen. schön, dass wir uns begegnen, hirsch. dir scheint es gut zu gehen mit deiner familie, hier im wald.

„sag, wie geht es dir hier?“, frage ich leise.

da erzählt er mir, dass er schon sehr sehr viele monde hier abends in der dämmerung weidet und schon viele menschen gesehen hat, die vorbeigewandert sind. er schaut immer, ob sie ein gewehr dabei haben oder nicht, denn für ihn gibt es zwei sorten von zweibeinern, einmal die mit und einmal die ohne gewehr. uns zum beispiel hat er schon lange bemerkt, weil wir an einem feuer gesessen haben und das riecht er drei meilen gegen den wind. er hat uns gerochen und gesehen, als wir noch keine ahnung davon hatten, dass hier in der nähe andere tiere sind. weil wir aber kein gewehr dabei haben, ist er ganz ruhig geblieben, auch wirken wir auf ihn friedlich. unsere blicke sind ohne arg, ohne gier nach fleisch. so hat er uns als mittiere akzeptiert, der wald ist ja schließlich ein freier ort und für viele tiere ein lebensraum – auch für menschen. wir können jetzt zu ihnen kommen und von der quelle trinken, denn das wasser ist für alle da. seit vielen jahrhunderten sind seine vorfahren hier in diesem wald. das wissen vom überleben wird weitergereicht ohne große worte. die alten tiere leben alles vor und die jungen lernen einfach, indem sie dann alles nachahmen. das große gedächtnis vererbt sich und er kennt die wege des waldes, obwohl er noch nicht alle gegangen ist. wenn sie einen neuen weg einschlagen, dann gehen sie einfach los und nach einer weile merkt er, dass ihm das gelände irgendwoher bekannt vorkommt. er weiß dann instinktiv, wo er langgehen muss, um eine quelle, einen schutz oder eine weide zu finden für sich und seine familie. er fragt mich, warum wir hier sind. ich erzähle ihm, wie es mir heute ergangen ist und dass wir raus wollten aus der stadt, in die natur, um ruhe zu finden. er konnte verstehen, warum mich „meine familie" ausgestoßen hat. auch bei ihnen gibt es zank und manchmal wird gekämpft, gestritten, gerungen – um die rangordnung. wenn einer gegen die vorgehen will, muss er kämpfen. gewinnen oder abhauen. die alten, kräftigen tiere sind nunmal die ersten, die das sagen haben. wenn ich das nicht akzeptieren kann, dann muss ich das weite suchen, einen neuen wald finden, wo ich mein leben leben kann und meine familie nahrung und schutz findet. oder aber, ich muss den alten besiegen in einem fairen kampf. mann gegen mann.

ich erzähle ihm, dass dreihundert gegen mich standen und mich ausgeschlossen haben aus ihrer gemeinschaft. er schaut mich lange an und kann es sich nicht vorstellen, weil meine augen nicht aussehen, als sei ich ein sehr aggressives tier. auch meine körperhaltung ist nicht die eines angreifers, eines störenfrieds. im gegenteil. eher gebeugt. ich sollte achten auf meine körperhaltung, den rücken gut durchdrücken, hals und kopf in verlängerung des rückens nach oben, das kinn leicht zur brust geneigt – das ist eine stolze haltung, aber auch nicht zu stolz, dass es herausfordernd wirkt. so zeige ich anderen, dass ich kräftig, klar und bereit bin. er nimmt diese haltung automatisch ein, weil er so ein schweres gerüst auf seinem schädel hat. er bietet mir sein revier an. „Wir verstehen uns. Du kannst hier bleiben, hier leben, trinken, fressen, ruhen, eine Familie gründen. Das ist der Sinn dieses Lebens: fortzubestehen, sich durchzusetzen, am Leben zu bleiben, Nachkommen zu haben, sie großzuziehen und ihnen das Leben zu zeigen, ihnen die Welt zu zeigen, ihnen die Kraft zu geben, die wir von den Eltern erhalten haben, damit auch sie diese Kraft weitergeben, immer weiter und weiter. Die Blumen blühen, damit sie sich vermehren können, die Bäume blühen, damit sie Früchte tragen, Samen entwickeln, sich vermehren können ... Du gehörst dazu. Ich zeige dir alles, besonders die gefährlichen Stellen, wo deine Artgenossen sitzen und mit Gewehren warten. Manche sind clever, schleichen sich ins Unterholz, verstecken sich hinter Bäumen, um dann unentdeckt zu schießen. Aber ich brauche sie nicht zu sehen, ich spüre sie, ich rieche sie, ich höre sie. Sie schwitzen, treten auf Zweige, sie sind laut. Hörst du? Da ist jemand. Wir müssen verschwinden. Mach‘s gut.“

ich höre nichts, noch nicht. rieche jetzt nur meine rauchigen sachen, sehe im dunkeln plötzlich besser als zuvor, spüre den harten schiefer an meinen knien und fühle das moos an meinen händen, als ich mich beim aufstehen abdrücke. die kleine quelle ist jetzt laut für mich, das wasser plätschert, als komme der ton aus einem lautsprecher.

da vernehme ich deutlich ein knacken. ich sehe mich um. die tiere sind weg, das rudel lautlos in die nacht verschwunden. ein guter kumpel, denke ich, ein echter mensch, dieser hirsch.

„Hey, Matz, was ist mit dir? Die ganze Zeit sitzt du da und starrst die Tiere an und nun, wo sie weg sind, sitzt du immer noch und starrst. War ja ganz schön mit den Hirschen, nun lass uns aber weitergeh'n."

„warte mal, da kommt jemand. da hinten schleicht einer rum. hallo, ist da jemand?", rufe ich in den wald. ein großer bauch in grüner Jacke stapft heran, mit gummistiefeln und gewehr. er schreitet mürrisch auf uns zu.

„Oh man, das kann doch nicht wahr sein, ihr habt die Tiere verscheucht. Seit Tagen bin ich hinter dem Hirsch her. Was treibt ihr euch hier im Dunkeln rum? Da müsst ihr schon aufpassen, sonst denkt noch einer, ihr seid Freiwild und dann habt ihr 'ne Ladung Blei im Hintern. Also abends würde ich euch raten, eine Taschenlampe mitzunehmen. Wo wollt ihr eigentlich hin? Seid ihr das mit dem Moped vorne am Drachenschwanz? Da kann ich ja Entwarnung geben. Also, wohin des Wegs?"

„Richtung bockfelsen, sage ich.“ „Ach, das ist ja noch eine Stunde zu laufen. Auf dem Weg dahin sind meine Kollegen unterwegs, Damwild jagen. Wäre gut, wenn ihr denen nicht in die Quere kommt. Wenn ihr wollt, könnt ihr auch bei mir übernachten, ich habe in der Nähe einen Unterstand aus Zweigen, Blättern und Moos. Da könnt ihr schlafen, wenn ihr wollt, es liegen genug Decken da. Ich zeige es euch.“

wir sehen uns an und finden beide die idee nicht schlecht, so richtig im wald zu übernachten. draußen. der jäger kommt uns zwar ein wenig seltsam vor – ist er uns gefolgt? hat er uns verfolgt? was soll's, immerhin bietet er uns eine herberge. wir kommen zum unterstand und sind froh, ein lager zu haben. „Also, macht‘s euch bequem, ich gehe zu meinem Hochsitz und bleib‘ da bis morgen früh. Gute Nacht.“

die hütte ist einem tipi ähnlich. der jäger hat mehrere längere stangen zeltartig zusammengestellt, mit fichtenzweigen verflochten und dann mit moos verdichtet. innen ist auch alles mit moos ausgelegt, schön weich. wir hüllen uns in decken, legen uns hin. es ist still, so still. „Woran hast du eigentlich vorhin gedacht, Matz, als wir uns die Hirsche angesehen haben, du warst ziemlich versunken.“ „ich hab‘ mit dem hirsch geredet.“ „Wie, du hast mit dem Hirsch geredet.“ „na, mit ihm gesprochen hab ich.“„Aach soo, ahaa … und was hat er dir so gesagt, der Hirsch?“ „Dass wir hier bleiben können, er will mit uns das revier teilen, es gibt genug zu fressen für alle.“ ich habe ihm meine geschichte erzählt, von der schule. er meinte, dass ich mich nicht zu wundern brauche, denn ich habe gegen die hierarchie verstoßen, das leittier angegriffen und dann heißt es entweder er oder ich. so einfach ist das für diesen hirsch und er hat ja wohl auch recht.“ richard sieht mich sehr verwundert an. „Hast du Fieber?“ er fasst mir an die Stirn. „Mit mir redest du kein Wort und mit diesem Hirsch sprichst du oder was. Also mir wird das zu viel, schlaf gut, bis morgen früh.“

ich liege wach. denke an verschiedenes. an die schule, die aula, an stine, an den hirsch, den jäger. ich komme nicht zur ruhe, höre draußen ständig rascheln, scharren, knacken, befürchte wildschweine, die zu uns reinkommen und hier alles zerwühlen. ich höre auch einen waldkauz ganz in der nähe und richard – er schnarcht. ich bin putzmunter. denke an stine – berühre ihre nase, ihre brüste, ihren bauch – lege mein ohr an und lausche nach dem kleinen leben, dem leben, dass wir gezeugt haben … so schwer ist das gar nicht, alles das, denke ich und schlummere langsam ein.

ein lautes knacken weckt mich. es ist richard, der draußen rumschleicht. „was machst du in aller herrgottsfrühe da draußen?“, rufe ich. „Na was wohl? Lenzen, wenn du weißt, was ich meine.“ ich höre, was er meint. „Hier draußen siehst du den Wald vor lauter Nebel nicht. Aber es sieht so aus, als wird irgendwann die Sonne da durchkommen. Lass uns losgeh‘n zum Bockfelsen, es muss toll sein ...“ - „wenn man da so im nebel sitzt und nichts sieht ...“ - „,... wenn der Nebel sich auflöst und die Sicht freigibt, du Hirschversteher.“

wir legen die decken im tippi zusammen und gehen los. wir frieren, es ist kalt, kein frühstück, keinen kaffee, nichts. aber wir sind männer und die stört sowas nicht, die ziehen das durch. nach einer stunde sind wir da. immer noch liegt der wald, liegt das tal, liegt alles ringsum im nebel. es ist gespenstisch. der bockfelsen. auch hier, an dieser lichtung, alles im nebel. der bockfelsen ist ein felsen aus schiefergestein, lauter kleine platten aneinandergepresst. wenn sie senkrecht stehen und wind und wetter ausgesetzt sind, dann werden die einzelnen platten sichtbar, dann siehst du die einzelnen schichten dieses harten gesteins. wenn du aber die einzelnen kleinen scheiben in der hand hältst, dann sind sie gut als schutz vor regen. viele häuser hier in der gegend haben keine tondächer, sondern schieferdächer. die schmalen plättchen kannst du brechen. viele zusammen sind festes gestein. der bockfelsen zieht sich von der höhe, vom kamm des berges bis hinunter zum see, dem angestauten fluss. hier oben ragt er noch etwas heraus, du kannst draufklettern und dir einen schönen platz suchen, wo die schieferplatten nicht so spitz rausragen, denn das tut weh am hintern, da kannst du nicht lange sitzen. der felsen erinnert an ein urzeitliches tier, an schuppige drachenhaut. urzeitlich, die szenerie, als sei ein schlummernder drache hier zu stein verwandelt worden. ein specht klopft in der nähe, eine krähe macht sich an irgendwas zu schaffen. ringsum kleine schmächtige eichen, buchen, kiefern - die können hier nicht so wachsen, wie sie eigentlich könnten, der felsige untergrund und die mangelnde feuchtigkeit – denn im felsen hält sich ja nichts – lassen sie klein bleiben. durch den nebel dringen geräusche des gegenüber liegenden campingplatzes, der langsam erwacht. menschen stehen auf, gehen zum wasser, waschen sich, töpfe werden geschrubbt, der kaffee aufgesetzt. müde stimmen des morgens in dichten nebel eingehüllt. und wir? wir werden schon von den ersten sonnenstrahlen beschienen. noch durch einen leichten nebelschleier, aber wir ahnen, was da kommt und freuen uns, sind begierig auf die wärme und das licht. vögel kommen und gehen, kleine meisen und neuntöter fliegen fröhlich von baum zu baum, manche setzen sich zu uns und trinken in der morgensonne aus den kleinen pfützen oder benetzen ihre schnäbel mit den tautropfen, die an den mosen und farnen hängen. zwischen farnen und gräsern glänzen im überlicht des morgens hunderte spinnweben, das feine geflecht ist von tau überzogen und wird von den sonnenstrahlen sichtbar gemacht. über uns grüßt ein blauer himmel, dort hat die wärme schon den nebel zum frühstück verputzt und die wipfel der bäume auf den kämmen der berge kommen aus ihrem versteck, schauen erfreut in die welt. jetzt sehe ich auch teile des wassers, eine bucht, einen kleinen fjord und die boote am gegenüberliegenden ufer. dann geht alles plötzlich ganz schnell. als ob nichts gewesen wäre, keine nacht und kein nebel, löst sich der vorhang auf. wo eben noch nichts zu erkennen war, nur verschwommene konturen zu ahnen, ist klarheit, licht, spiegelnder glanz. wasser, wiesen, wald und felsen finden sich. pflanzen, tiere, menschen finden sich. alles ist an seinem platz.

wir schauen uns an, lächeln. klettern ein wenig herum und suchen uns geeignete sitze im felsen, wo wir uns in richtung osten gut anlehnen können, wo uns die sonne so richtig ins gesicht scheint und den felsen wärmt. da sitzen wir dann, werden müde von der wärme, die jetzt in alle glieder kriecht, wie noch am morgen die kühle der nacht in unseren knochen saß. auch der hunger verfliegt allmählich und wir träumen eine zeit lang in den tag hinein.

„Matz, was willst du jetzt tun?“ „ich weiß nich‘. Ich such mir ’ne lehrstelle oder arbeite als hilfsarbeiter. was soll ich sonst tun? um gnade bitten? an honecker schreiben? hast du ’ne idee?“

„Nee. Ich hab‘ keine Idee. Ich weiß nicht, ob ich noch in diesem Land leben möchte. Haben wir eine Perspektive? Uns bleibt nur, sich anzupassen oder wegzugeh‘n. Ansonsten leben wir doch wie die Penner. Du machst einen Hilfsjob, obwohl du Ingenieur sein könntest. Ich will das nicht, will nicht ewig in diesem Nebel herumstochern ohne zu wissen, wie es weiter geht. Dabei ist ringsum die Sonne draußen, alles ist klar zu erkennen. Du wachst auf und lebst dein Leben und keiner hüllt dich in irgendetwas ein.“

„ja, du hast recht. aber was ist mit unseren frauen? was ist mit meiner tochter?“

„Die können doch mitkommen. Die werden auch frei sein.“

„was mit unseren eltern? unser‘n großeltern? unser‘n geschwistern? die siehst du nie wieder!“

„Das kann sein, ja.“

„und was ist mit unserem traum, dieses land, diese gesellschaft zu verändern?“

„Der ist ausgeträumt.“

„hey richard, was ist los man? du bist sonst immer derjenige, der mich rauszieht aus dem sumpf. was ist mit unserem bund? unserem gruß? ‚auf die liebe und die freiheit!‘ soll das alles vorbei sein? willst du in den westen? du weißt doch, dass das keine alternative ist. du bist zwar persönlich frei, unterstützt aber in deiner arbeit, mit deinem leben diese ganzen beschissenen konzerne, kaufst dir einen bmw, die ihre ganze kohle im krieg gescheffelt haben, kaufst dir einen mercedes, mit dem hitler immer gefahren ist, und wenn du deine bude malern willst, dann kaufst du von ig farben, die das gas für auschwitz produziert haben … willst du das?“

„Natürlich nicht. Dagegen würde ich kämpfen dort. Aber der Unterschied ist: Du bist frei, kannst für deine Haltung, deine Weltsicht eintreten, ohne aus der Schule zu fliegen. Du kannst studieren, die Welt anschau‘n, dein Leben leben.“

da hat er recht, da kann ich nichts gegen sagen.

„richard, da ist doch noch was, was ist los mit dir?“ schweigen. und sonne. und wärme.

„Eine Mitschülerin von mir ist gestorben.“

ich zucke zusammen. habe ich richtig gehört? „was …? was ist passiert?“

„Sie haben sie auf dem Gewissen, sie haben sie umgebracht, verstehst du, umgebracht mit ihrem scheiß Sport.“

„mach mal langsam. wer hat wen umgebracht?“

„Diese ganzen dressierten Affen, diese egomanischen Trainer und Ärzte, das ganze System, alles Lügner und Betrüger und ich hab‘ da auch noch mitgemacht, ich bin genauso schuld verdammte Scheiße.“

„ganz ruhig richard. bleib ruhig. erzähl mal langsam, was passiert ist. wie heißt sie denn überhaupt?“

„Christine.“

„was hat sie gemacht?

„Leichtathletik. Mittelstreckenläuferin. Richtig gut. Ehrgeizig, fleißig und klar im Kopf und immer so still, unheimlich still.“
„Und was ist passiert?“

„Magersucht. Sie war magersüchtig und ist daran gestorben. Also im Krankenhaus an einer Lungenentzündung. Sie kam ins Krankenhaus und dann war Schluss. Und das alles, weil sie gewinnen wollte, weil sie irgendsoeine Meisterschaft gewinnen wollte und die Ärzte zu ihr gesagt haben, sie soll noch ein bisschen abnehmen, dann wird sie schneller und die Gelenke, die bei ihr entzündet waren, werden nicht so belastet. Stell dir vor, das haben sie zu ihr gesagt und dann hat keiner aufgepasst. Auch ich nicht. Auch ich bin schuld. Ich hätte sie retten können. Auch ich hab sie auf dem Gewissen. Das werde ich mir nie verzeih‘n."

„was hast du denn damit zu tun?"

„Ich habe sie im Sommer getroffen und sie war so dünn, wie ein Strich in der Landschaft und so traurig, verstehst du. Ich habe mit ihr gesprochen, aber nur so oberflächlich, hatte nicht den Arsch in der Hose mit ihr richtig zu reden – sie hatte offensichtlich Probleme."

„was hast du gesagt?"

„Ich hab sie gefragt, wie es ihr geht und sie sagte ‚ganz gut, bald sind die Meisterschaften‘ und sowas. Es war klar, dass das alles Unsinn ist, aber dann war Schluss. Ich wusste einfach nicht, was ich sagen sollte."

„was hättest du denn sagen wollen?"

„Ich hätte sie gern umarmt und dann hätte ich gesagt: ‚Mensch, ey, Christine, was'n los? Hör bloß auf mit dem Scheiß. Iss was Richtiges und pfeif auf die Meisterschaften. Pass auf dich auf' … oder sowas in der Art. Aber nein, mir ist nichts eingefallen."

„und woher weißt du, wie sie gestorben ist?"

„Unser Klassenlehrer hat uns informiert. Stell dir vor, er erzählt uns das, also er sagte, dass sie tot ist und dass unglückliche Umstände dazu geführt haben und dass wir das aber jetzt so hinnehmen, so akzeptieren müssen und dass uns das nicht abhalten soll von unseren Zielen. Wir sollten weitermachen, als sei nichts passiert, verstehst du. Und dann sagte er noch – also ich wollte eine Beileidskarte schreiben und die Fahrt zur Beerdigung organisieren und da sagt der, dass uns das nichts angeht, es wäre Sache der Familie und auch sei das nicht erwünscht. Wir sollten akzeptieren, was nicht mehr zu ändern ist."

„von wem nicht erwünscht?"

„Keine Ahnung. Von der Partei. Vom Staat. Von der Schulleitung. Was weiß ich?"

„und? was habt ihr gesagt?"

„Was wir gesagt haben? Nichts. Alle waren ruhig. Keiner sagte was. Alle waren traurig und haben das geschluckt und dann haben wir weiter Mathe gemacht. Ich bin fast geplatzt, aber auch ich habe nichts rausbekommen. Es ist unfassbar. Dabei hätte ich ihm gerne gesagt, wie mich das alles ankotzt und so'n Zeug."

„was'n für ‚zeug'?"

„Na, dass das alles nicht geht. Akzeptieren, dass eine Mitschülerin tot ist. Offensichtlich hat ihr Tod Verbindung zu dem, was wir hier tun; akzeptieren sollen wir, dass da irgendwas nicht richtig gelaufen ist und wir sollen nicht nachfragen, nicht daraus lernen vielleicht? Hatte sie denn Probleme? Ich meine, sie war immer so fleißig und still, in der Schule, beim Training. Vielleicht hatte sie ja Probleme und keiner hat mit ihr geredet? Sollen wir das akzeptieren? Sollen wir das akzeptieren, dass wir nicht zur Beerdigung gehen dürfen? Wer sagt das eigentlich? Sie? Die Schulleitung? Die Partei? Akzeptieren sollen wir das – genauso wie Alexandras tiefe Stimme und ihren Oberlippenbart, genauso wie die Ansage der Ärzte an Anja, dass sie sich entscheiden soll zwischen dem Wachstum ihrer Brust oder dem Wachstum ihrer sportlichen Leistung. Diese Ärzte haben gesagt, entweder du dopst oder du fliegst raus! Sollen wir das akzeptieren? Soll ich akzeptieren, dass wir täglich nach dem Training ein in Wasser aufgelöstes „Vitaminpulver" bekommen, in dem aber sicher auch andere Stoffe sind – schau meine Oberschenkel an, wie die gewachsen sind in dem Jahr, seitdem ich hier trainiere. Soll ich akzeptieren, dass ich ausgelacht werde, weil ich ein Gedicht geschrieben und vorgetragen habe bei einem Wettbewerb – nur weil die Lehrer, Trainer, Ärzte und berühmten Sportler das für überflüssiges Gerede halten an einer Schule des Sports, wenn man sich mit Literatur beschäftigt? Das kann ich niemals akzeptieren … So was. Aber ich war zu feige und es wäre mir in dem Moment auch nicht eingefallen. Nie fallen mir die richtigen Worte ein, wenn's drauf ankommt? Was soll ich da sagen. das alles ist unglaublich. Was kann ich tun?"

„richard, pass auf, wir fahren jetzt zu christines eltern und du schaust ihnen in die augen und sagst, was du ihnen sagen möchtest oder umarmst sie einfach. alles klar? dann hörst du auf in dieser schule und wir suchen uns was, einen job, gemeinsam. und machen politische arbeit. wir machen was, wir lassen uns das leben nicht verbieten. alles klar?"

richard sieht mich an, nickt leicht, schaut nach unten, lässt seinen blick über das tal schweifen und sagt - nichts.

dann steht er auf, klettert den felsen rauf. „komm, folg' mir."

er läuft los, nach unten, richtung wasser. ich denke er spinnt, aber er läuft immer weiter und schneller und weiter und ich hinterher. zwei kilometer vielleicht rennen wir bergab, zerschrammen uns die beine an den dornen der wilden brombeeren, die auf den weg gewachsen sind. am ende taucht da ein felsen auf, eine spitze, die hinausragt aufs wasser, ein felsen, der vielleicht drei meter über dem wasser endet. du ahnst es schon, was passiert. er reißt seine klamotten vom leib, schreit wie wild: „auf die liebe und die freiheit!“ und springt ins wasser. für mich ist das nichts, ich klettere weiter nach unten, ziehe meine sachen aus, springe hinterher. wir schwimmen so schnell wir können bis zur anderen seite und sonnen uns dann, völlig aus der puste, am ufer.

„Ey Matz, denen zeigen wir‘s, keiner kann so rennen und springen und schwimmen wie wir.“

„wie du, richard, wie du“, sage ich leise hinterher.

„Los, Hand drauf: ‚Niemals werden wir unser Leben verraten, niemals uns selbst, unsere Ideale, unsere Freunde. Wir sehen etwas und wir sagen etwas – wir sagen, was wir sehen.‘ Lass uns das gemeinsam, hier vor diesen Bäumen, vor diesem Wasser, vor diesen Felsen, vor den Fischen, vor den Rehen und Hirschen, lass es uns hier gemeinsam sprechen.“

wir sprachen diese worte noch einmal, gemeinsam, und noch einmal, lauter und es hallte, in diesem engen tal gab es ein starkes echo. es tat gut, die eigenen stimmen zu hören, die worte kehrten wieder zu uns zurück und wir fühlten uns verstanden, gehört, verbunden. verbunden mit uns selbst, verbunden gegenseitig, verbunden mit den freunden, verbunden mit der natur – eins mit allem, was lebt. dennoch bremste mich innerlich etwas: ich fühlte mich gut und schlecht zugleich. ich mag schwüre nicht. Sie schnüren mir die luft ab. was machst du, wenn du irgendwann deinen schwur brechen musst? wenn du aufgibst? aufgeben musst? kannst du dir das dann verzeihen? fühlst du dich dann wie ein verräter? kannst du dich dann nicht mehr im spiegel anschau‘n? oder gibt es einen weg zurück? all so fragen halt. aber richard zuliebe hab ich es getan, er ist so euphorisch gewesen dabei und er hat ja auch recht – das hier werden wir niemals vergessen, ein augenblick der ewigkeit, echt, klar und kraftvoll – kompromisslos, aus dem herzen, voller liebe und nähe.

nah, nicht distanziert und fremd. echt. ohne falsch. ohne rolle. ein hirsch zu sein ist doch keine rolle, ein reh zu sein keine rolle, ein fisch zu sein keine rolle, ein mensch zu sein keine rolle. oder doch? ich bin ein freund – ist das eine rolle? ich bin ein sohn – ist das eine rolle? ich bin ein geliebter freund – ist das eine rolle? ich bin bald ein vater – ist das eine rolle? ich bin ein schüler – ist das eine rolle? all das können rollen sein, aber wer bin ich dann wirklich? sie wollen gern, dass ich eine rolle spiele. schülerrolle: gehorsam, fleißig, nicht selbst denkend, nachahmend, nachplappernd. vaterrolle: ich bin ich und wenn ein kind da ist, bin ich ein vater. aber ich bleibe ich, spiele keine rolle, keine strenge, kein gehorsam, kein drill, kein masterplan … ich bin ein vater, der sein kind liebt und mitnimmt auf eine reise, auf ein gemeinsames leben, dabei lernt er von mir wie ich von ihm, von ihr … beschützen, ja, ich werde ein beschützer sein – aber heißt das eine rolle spielen? bin ich ein geliebter? ein ehemann? Iich liebe und werde geliebt – wo spiele ich da eine rolle? ich bin doch nicht anders, wenn ich bei stine bin und sie muss mich so nehmen, wie ich bin. vielleicht ändere ich mich auch, aber ich spiele doch keine rolle! ich bin ein sohn, ja, aber das ist für mich keine rolle, dass ist gegeben und ich bin da wie überall – nur für meine eltern bin ich ein sohn. wenn ich rollen spielen würde, hätte ich ein drehbuch, einen text, eine anweisung – ich müsste übernehmen, was da steht. ich wäre überall ein anderer, ein sohn mit drehbuch von den eltern, ein schüler mit drehbuch von den lehrern, ein geliebter mit drehbuch von der geliebten, ein vater mit drehbuch von, ja von wem eigentlich? vom leben vielleicht, vom natürlichen leben: lieben und beschützen und zeigen, die welt zeigen, erklären, fragen beantworten, lernen, lehren, lieben, halten, wärmen ... oder schreibe ich meine rollen selbst? ja, vielleicht schreibe ich meine rollen selbst? das geht in ordnung. ich spiele, was ich selbst schreibe. ich überlege, was ich für ein sohn sein will und dann beginne ich zu schreiben … überlege, was ich für ein schüler sein will und beginne zu schreiben … überlege, was ich für ein ehemann sein will und beginne zu schreiben … man, wie anstrengend ist das denn? und wer bin ich am ende meines lebens, wenn ich diese drehbücher abgespielt habe? das ist doch horror. was soll das für ein leben sein. alles ergibt sich und bildet sich aus in der verbundenheit mit dem leben, mit den anderen menschen und wesen, denen ich begegne. ich bin ich. oder?

„niemals werde ich mein leben verraten, niemals mich selbst, meine ideale, meine freunde. ich sehe etwas und ich sage etwas – ich sage, was ich sehe. ich sehe und sage das, hier, vor dir, richard, vor diesen bäumen, vor diesem wasser, vor diesen felsen, vor den fischen, vor den rehen und hirschen.“ +++

+++ Tag II

+++ Kapitel 8

die erinnerung spielte ein lied in mir. es rüttelte mich wach, bis in die knochen tönte es und stärkte mich: ‚niemals verraten, niemals …‘ ich ruckelte auf dem stuhl umher, setzte mich aufrechter, atmete tief ein und lange aus.

„Herr Domaschk, nanu, da ist ja Leben drinne. Woran denken Sie? Sie müssen uns schon teilhaben lassen. Leider haben wir noch kein Röntgengerät, das Ihre Gedanken aufnehmen könnte. Das wäre mal eine richtig nützliche Erfindung. Aber ich gehe davon aus, dass Sie ja nichts Wesentliches zu verbergen haben und wenn Sie nichts zu verbergen haben, wenn Sie nichts getan haben, wie Sie eingangs betonten, dann können Sie ja unsere Fragen – nun, nicht frei von der Leber weg, aber doch offen und ehrlich – beantworten. Inwieweit sind Ihnen weitere Personen bekannt, die ebenfalls zu der Geburtstagsfeier geladen waren?“

„mir sind keine weiteren leute bekannt.“

„Keine weiteren Leute also ... nun ja. Möchten Sie eine Zigarette?"

nein.

„Sie rauchen doch ziemlich viel, meinen Sie, dass Sie das lange aushalten?"

„ich habe hunger und durst. sie halten mich seit über dreißig stunden fest, oder sind es vierzig stunden? wie spät ist es? ich sehe ja kein tageslicht. oder sind es erst zwanzig stunden? ich habe einmal ein glas wasser bekommen. ich verlange zu essen und zu trinken. ich verlange freigelassen und nach hause gefahren zu werden."

„Ganz ruhig, Sie bekommen, was Sie wollen, wenn wir hier fertig sind. Wo sollte in Berlin die Geburtstagsfeier stattfinden?"

„ich möchte was zu trinken, ich bin durstig."

„Herr Domaschk, so kommen wir nicht weiter. Sie müssen uns antworten, wenn Sie hier wieder raus wollen."

„ich verlange einen anwalt. ich verlange zu essen und zu trinken."

ich beginne zu zittern. meine hände zittern. die sehen das. was soll ich nur machen? wie komme ich hier nur raus?

„Wo wollten Sie während Ihres Aufenthaltes in Berlin übernachten?“

„das wissen sie doch alles.“

„Herr Domaschk, Sie sagen nichts oder wiederholen das Gleiche. Nun ja, einiges wissen wir, aber eben nicht alles. Anderes wollen wir von Ihnen wissen und wenn Sie es uns allen nicht so schwer machen würden, wären wir hier schnell durch. Hören Sie endlich auf, hier nur rumzusülzen. Sagen wir mal, sie wollten zu Freunden, oder besser zu Bekannten. Ja? Davon können wir ausgehen. Wie heißen die?“

ich bin nicht da.

„Wo wohnen die?“

ich bin nicht da.

„Möchten Sie einen Kaffee, Herr Domaschk? Wir bringen Ihnen gerne Kaffee.“

oh man, kaffee, jetzt einen kaffee, der wird mir helfen, wird mir neue kraft geben …

„ja, kaffee wäre gut.“

„Herr Domaschk, Sie wollten doch sicher nicht nur zu einer Geburtstagsfeier nach Berlin. Jetzt, wo der 10. Parteitag stattfindet. Wir gehen davon aus und deshalb sind sie ja auch hier, dass Sie provozieren wollten, ein wenig vielleicht nur in ihren Augen, aber eben doch provozieren. Das macht Ihnen doch Spaß und Ihre Einfälle sind ja auch nicht übel. Wenn Sie uns sagen, was das werden sollte, sind wir doch zufrieden und Sie dürfen gehen."

„was meinen sie für einfälle?"

„Na, muss ich Ihre Erinnerung auffrischen? Das Schmieden im Hinterhof. Ihre wohldurchdachten Beleidigungen eines alten ArbeiterveteranS. Die Beerdigung. Die Demonstration mit der Eingabe an unseren Staatsratsvorsitzenden. Der 1. Mai. Sie erinnern sich?"

und ob ich mich erinnere. eine tolle zeit. ich musste schmunzeln, zuerst, doch dann fror dieses schmunzeln ein. ja, ich erinnere mich an alles. wir hatten es uns vorgenommen, peter, richard und ich, wir wollten nicht mehr nur passiv sein, nicht mehr nur nicht ja sagen, sondern endlich nein. und ja zu unserem leben. +++

+++ Tag II

+++ Kapitel 9

ich hatte es richard versprochen. wir fuhren zu der beerdigung. ich hatte meine mutter gefragt, ob sie sich mal erkundigen könnte, wann und wo die stattfindet. ein theologieprofessor kam aus dem thüringer wald und fragte rum unter seinen kollegen. richard wollte kurz vorher kneifen, aber das ließ ich nicht zu. wir fuhren mit dem zug in den thüringer wald. dort war es spätsommerlich schön. die sommerferien waren ja gerade zu ende.

wir kommen an, als die trauernde familie am grab steht. wir bleiben in einiger entfernung stehen und sehen traurig und leergeweint die mutter. der vater gramgebeugt. sie sprechen am grab eine thüringer mundart, die wir nicht verstehen. wir gehen näher, bleiben aber immer noch in einiger entfernung stehen. die anwesenden nehmen jetzt erde, nacheinander eine handvoll erde und werfen sie in das grab, auf den sarg. christines eltern und ihre geschwister nehmen die beileidsworte und umarmungen still an. es scheint so, als sei das halbe dorf erschienen. Ich dränge richard hin zum grab, er weiß wohl nicht so recht, ob er das machen soll. ob er sich in die reihe der familie, der verwandten, der freunde und nachbarn einreihen soll. der vater sieht uns unschlüssig stehen und kommt auf uns zu.

„Wer seid ihr?“, fragt er. „Ich, eh, ich bin, ich gehe, ging, mit Christine auf die Sportschule“, stammelte richard. „Wir waren in einer Klasse.“

„und ich bin ein freund und begleite ihn“, ergänzte ich.
„Ihr dürft nicht hier sein, das wisst ihr.“

„Ja, aber ich möchte Ihnen ..., ich möchte mein Beileid ..., ich bin sehr traurig und nicht einverstanden damit, dass ich Ihnen nicht das sagen kann ...“ er streckt seine hand aus und wiederholt:

„Ich möchte Ihnen mein Beileid ...“, aber da versagt ihm die stimme und er fängt an zu weinen.

der vater, christines vater, nimmt die hand von richard in seine hände, ganz warm sieht das aus und umarmt ihn, wie ein vater. einen unbekannten. einen unbekannten jungen. er merkt, dass es ihm ernst ist. er umarmt ihn lange.

„Danke, mein Junge, du bist ein guter Junge, danke dir und nun komm und nimm Abschied von Christine.“

sie gehen. „Komm du auch mit“, sagt der vater zu mir. so gehen wir ans grab und der vater sagt: „Christine, hier ist ein Freund von dir, ein guter Freund, er möchte sich von dir verabschieden. Möchtest du ein paar Worte zu ihr sagen?“, fragt er. richard ist überrascht, sieht mich an, sieht den vater an, sieht ins grab, faltet seine hände und fängt leise an:

„Liebe Christine, wo bist du? Warum bist du fortgegangen? Im Sommer noch sah ich dich, in Berlin, in der Komischen Oper. Ich fragte mich, warum du so ganz dünn geworden bist. Aber wir sahen uns nur flüchtig und ich habe mich in diesem Moment nicht getraut, dich anzusprechen. Was hätte ich sagen sollen? Wie geht's? Warum bist du so dünn geworden? Ich machte mir Sorgen, konnte aber nicht sprechen. Ich habe es nicht gelernt, über sowas zu sprechen. Ich habe gelernt, die Zähne zusammenzubeißen, wie du, wenn es weh tut, weiter zu machen, nicht zu klagen, über die Grenze des Schmerzes hinauszugehn. Wie du. Und jetzt, nach den Ferien, warst du nicht mehr da. Was ist passiert? Sie haben uns nicht die Wahrheit gesagt. Sie haben nur gesagt, dass du fort bist, dass du gestorben bist an einer Lungenentzündung. Und wir durften nicht darüber reden. Nicht sprechen von dir, nicht erinnern uns laut an die Zeit mit dir, keine Karte schreiben, keinen Kranz flechten – wir sollten weiter machen wie zuvor. Nur ohne dich. Und kein Wort über den Sport, kein Wort über die Medikamente, das Doping, über deine Probleme, Schwierigkeiten. Kein Wort. Nur weitermachen. Ich bin hier, Christine und es tut mir leid, dass ich nie mit dir so richtig ernst gesprochen habe. Vielleicht hätte ich helfen können. Manchmal hilft ja, dass jemand zuhört. Aber du durftest nicht schwach werden, wir durften nicht schwach werden, wir, die Elite des Sports. Wie sollte die Elite des Sports Schwäche zeigen in ernsten und echten Gesprächen? Ich bin hier und ich soll dich grüßen von allen. Dein Platz ist leer in der Klasse. Er bleibt leer. Du bist jede Stunde bei uns. Ich bitte dich, verzeih mir. Ich möchte es anders machen jetzt. Ich werde sprechen von Schwäche und von Schwierigkeiten. Ich werde sprechen von unserem Leben, was wir fühlen, was wir wollen. Das hast du mir gesagt mit deinem Blick im Sommer. Du hast mich sehr angesehen mit deinen großen Augen. Machs gut Christine."

richard nimmt eine hand voll sand und wirft sie auf den sarg. ich verneige mich nur kurz. mehr erscheint mir unangebracht. ich kannte sie nicht, habe sie nie gesehen.

die Mutter, die sehr nahe am grab steht, hat jedes wort richards angehört. als er zu ihr geht, kommt sie ihm entgegen und umarmt ihn schluchzend und sagt immerfort leise: „danke, danke, danke."

wir werden eingeladen zum essen, aber wir haben keinen hunger, keinen appetit. wir verabschieden uns und gehen zum bahnhof. es fährt natürlich kein zug und also gehen wir zur straße und trampen. „Danke Matz, danke, dass du mich begleitet hast hierher."

und wer kommt in diesem moment da angefahren? der vater von christine. „Ich hab mir schon gedacht, dass ihr nicht weit kommt. Ich fahre euch ein Stück." er fuhr uns bis nach Jena, bis zur Stadtgrenze. „Ich kann noch nicht weiter. Ich werde diese Stadt so schnell nicht wieder betreten. Ich will das Stadion nicht mehr sehen, nicht mehr die Kernberge, wo Christine so oft gelaufen ist, nicht die Sportschule, nichts mehr, was an ihre Tage hier in Jena erinnert. Ich hätte sie nicht auf die Sportschule schicken dürfen. Ich bin schuld. Ich bin ein Sportler und wollte, dass sie Erfolg hat. Sie wollte das auch. Ein gutes Training, eine gute Schule, gute Ärzte. Und nun ist sie tot. Wir durften keine Traueranzeige schalten in der Zeitung, wir durften keine Obduktion beantragen. Es ist ja letztlich auch egal. Sie ist tot. Sie kommt nie wieder. Und ich, ein ehrgeiziger Vater, trage mit Schuld an ihrem Tod. Sagt nichts. Lasst mich einfach reden. Danke euch noch einmal. Macht's gut. Macht das Beste aus eurem Leben."

Und fährt er davon.

wir laufen von lobeda in die stadt. hinten lang. an den kernbergen. vorbei an der wohnung meiner eltern. sollte ich sie belasten mit diesem tod? nein. wir gehen und gehen und schweigen und sind sehr beieinander. bis wir zur sportschule kommen.

da rastet richard total aus, wirft mit steinen gegen die hauswände. Dabei brüllt er wie am spieß: „Ihr Schweine, ihr verdammten Schweine, die ihr nicht reden wollt. Kommt raus und sagt, was ihr macht, was ihr mit uns vorhabt, sagt es endlich, gebt es zu: Wir sind eure Gladiatoren, die zu eurem Ruhm abgerichtet werden, gespritzt werden, vollgestopft mit Dope. Nur, damit ihr Funktionäre euch mit goldenem Klopapier den Arsch abwischen könnt. Mit goldenem Klopapier eure fetten Ärsche, die ihr plattsitzt in Parteisitzungen und Komitees. Und dann empfängt Erich die erfolgreichen Sportler in seinem Regierungsschloss und dann sonnt er sich und streckt denen im westen die zunge raus … die vergoldete Zunge. Nur dafür haltet ihr uns hier hinter diesen Mauern, um für einen kleinkarierten Staat Ruhm und Ehre zu erringen … und wenn es aber dabei jemandem schlecht geht, er nicht mehr kann oder zu schwach für eure Pläne ist, dann fällt er und fällt und kann sich nicht mehr halten und keiner hilft, hält, fragt, spricht. Es gibt einfach 'ne Spritze und dann ...“

da scheppert es. er hat es endlich geschafft und einen stein ins ärztehaus gefeuert. wir rennen los, rennen um unser leben. nach einer weile merken wir, dass keiner uns folgt und gehen, um luft ringend, ruhiger weiter.

„geht‘s dir jetzt besser? du hetzt uns die polizei auf den hals, man.“

hinter der saalebrücke verabschieden wir uns. ich gehe zu stine. richard zu peter. er will sich „zulöten“, so nennt er das, wenn er mehr als genug trinken gehen wird.

„Herr Domaschk. Sie erinnern sich doch an die Beerdigung. Schöne Rede von Ihrem Freund. Der ist auch etwas romantisch veranlagt, nicht? Wie Sie. Sie passen gut zueinander. Er wird auch bald hier sein, dann können Sie gemeinsam Steine werfen. Im Glashaus Steine werfen."

er lacht. aber er kommt keinen schritt weiter. ich bin auch nicht mehr entsetzt darüber, dass sie von der beerdigung wissen. dass sie allerdings auch von der rede wissen … sie sind überall und es ist kein entrinnen. am besten ich rede. ich sage alles. dann ist ruhe. ich kann nicht mehr.

„Wir haben Zeit, Herr Domaschk. Vielleicht gehen wir jetzt zum nächsten Ereignis. Die Demonstration. Sie wollten doch mehr Offenheit, mehr Aktion, mehr Leben, mehr Frieden …"

die demonstration. scheiße, nein, ich will jetzt nicht an die demonstration denken. nicht, weil er es will. er lenkt mich schon. und denkt ich merke es nicht.

„Das war wirklich gut geplant. Sie provozieren uns und wir sind so blöd und reagieren über – und sie können sich beschweren. Hut ab, wirklich gut durchdacht. Wer hat Sie da beraten? Welche Kontakte haben Sie ins nichtsozialistische Ausland? Das haben Sie doch nicht selbst geplant, oder? Es würde Ihnen helfen, wenn Sie da Hilfe aus dem Westen in Anspruch genommen hätten. Wir denken auch, dass Sie da in Kreise gekommen sind, die Sie negativ beeinflussen. Sie sind

doch gar nicht so der politische Kämpfer, oder? Sie sind doch auch nicht gegen den Sozialismus, oder? Sie sind doch nur für demokratische Veränderungen des Landes, oder? Das ist doch auch Ihr gutes Recht, schließlich haben wir Meinungsfreiheit in unserem Land. Also, zu wem hatten Sie Kontakt? Wann und wo trafen Sie sich?"

nach unserem ausflug an die talsperre legten wir los. wir wollten eine große demo machen. es ging um die frage, was frieden eigentlich ist und wie man frieden schafft und sichert. in der ddr wurde uns immer eine fabel erzählt in der schule, die fabel von fuchs und igel:

ganz unverhofft auf einem hügel

sind sich begegnet fuchs und igel.

halt, rief der fuchs, du bösewicht!

kennst du des königs ordre nicht?

ist nicht der friede längst verkündigt,

und weißt du nicht, dass jeder sündigt,

der immer noch gerüstet geht?

im namen seiner majestät,

geh her und übergib dein fell.

der igel sprach: nur nicht so schnell.

lass dir erst deine zähne brechen,

dann wollen wir uns weiter sprechen!

und allsogleich macht er sich rund,

schließt seinen dichten stachelbund

und trotzt getrost der ganzen welt,

bewaffnet, doch als friedensheld.

ja, und die fabel hieß: bewaffneter friede. die moral: der friede muss bewaffnet sein. denn ... naja, das kannst du dir ja selbst denken. wir wollten weg davon, denn wohin soll das führen. es erscheint logisch auf den ersten blick, aber welche interessen stehen denn dahinter? wir hatten das ja schon mal bei der debatte um den wehrdienst. pazifistische leute haben da eine klare antwort. ich tue mich da schwer. klar, wenn mich jemand bedroht, dann wehre ich mich. wenn mein nachbar nervt, baue ich einen zaun ... oder aber: ich rede mit ihm. frage ihn, was los ist. was er hat. was ihn stört. nach dem motto: wer schwierigkeiten macht hat schwierigkeiten. und was soll das auch: wenn ich meinen nachbarn und sein grundstück mehrfach in schutt und asche legen kann – warum soll ich dann weiter waffen kaufen und aufstellen? einmal reicht doch. so war das. ost und west bis an die zähne bewaffnet. jeder konnte jeden zu jeder zeit an jedem ort der welt vernichten – mehrmals. dass wir keinen krieg haben, so die fabel, liegt an einem bewaffneten frieden, beruht auf der angst vor der gegenseitigen vernichtung. eine wasserstoffbombe hat die sprengkraft von 1.000 hiroshima bomben. beide supermächte können mit ihren interkontinentalraketen jeden punkt im land des andern in 30-40 minuten mit einer treffsicherheit von wenigen hundert metern mit einem nuklearen sprengkopf treffen. und alles ist für jahrmillionen platt und vorbei. die usa versuchen derzeit, dass nukleare patt durch stationierung ihrer pershing II und cruise missiles in den europäischen nato staaten zu ihren gunsten aufzuheben. diese waffen sollen in möglichst geringer entfernung von den grenzen der sowjetunion stationiert werden und zwar derart über den globus verteilt, dass man auf einen schlag sämtliche sowjetischen interkontinentalraketen und die wichtigsten militärischen leitzentren in einem zeitraum von zehn bis fünfzehn minuten vernichten kann. und dann ist die sowjetunion gezwungen, ihrerseits neue waffenarsenale zu errichten, damit auch sie so schnell sein kann. das hatte mir mal peter erzählt und der hatte das aus berlin, von einem treffen mit robert havemann, einem experten für sowas. und die logik sagt: da kommt keiner raus aus der nummer. beide schaukeln sich auf, bis einer sagt: ej, man, lass uns zusammensetzen und abrüsten. ich eine rakete und du eine, du eine und ich eine und so weiter. aber das machen die nicht. beide müssten sich zusammensetzen mit dem ziel, sich selber abzuschaffen aufgrund einer vernunft, aufgrund einer menschlichen vernunft. aber die gibt es nur selten, wenn es um imperiale herrschaft geht. und um das ging es beiden.

deshalb müssen wir, die menschen, die bürger, für einen echten frieden kämpfen, für eine veränderung der großen politik von unten.

naja, große worte, bla bla. auf alle fälle haben wir uns gesagt: zum jahrestag der bombardierung jenas machen wir eine demo. laufen die johannesstraße runter, hin zum platz der kosmonauten und da mischen wir uns unters bestellte volk. denn da ist meistens eine große demo, wo dann schüler hingeschickt werden mit transparenten, mit arbeiterfahnen, mit ddr-flaggen.

wir treffen uns ein paar tage vorher in der jungen gemeinde und überlegen, welche plakate wir malen wollen. das geht recht schnell: der klassiker „schwerter zu pflugscharen", die aufforderung „verzichtet auf gewalt" - prinzipiell und situativ gemeint, weil wir ja wissen, dass uns sofort die staatsmacht angehen wird; „entrüstet euch" ist ein guter spruch und „gitarren statt knarren" - ich brauche euch nicht zu sagen, von wem dies stammte ... naaaaa ... richtig, von richard; „ziviler ersatzdienst" stand da noch und ein paar andere sachen. wir gestalteten das alles und verabredeten uns.

es geht los. wir gehen los. tür auf und bühne frei. von der jungen gemeinde richtung ‚platz der kosmonauten‘. wir sind vielleicht vierzig leute, frauen, männer, kinder. der große platz ist voll. wir gehen unbehelligt vielleicht zwanzig meter, dann kommen die ersten fotografen – natürlich stasileute oder zivile polizisten. sie sind ganz aufgeregt. wir biegen die treppen runter zu den bänken und mischen uns unters volk. rote fahnen, transparente, schüler, lehrer, arbeiter, zivile polizei und stasi. plötzlich stellen die fahnenträger unsere plakate zu, sodass die von der tribüne aus nicht gesehen werden können, sie rempeln uns an, die kinder werden panisch. nun kommen lauter zivile polizisten und reißen uns die plakate aus der hand, zerreißen sie, zerbrechen die stöcker und verprügeln uns. ein paar jugendliche finden das nicht in ordnung und helfen uns, auch sie werden gepackt und abgedrängt. die polizei kann keinen großen aufriss machen, mit festnehmen und so, hier sind zu viele leute, zu viel öffentlichkeit. also werden wir abgedrängt und an der vielleicht zweihundert meter entfernten „Tanne“ gesammelt. wir müssen unsere ausweise zeigen und alles wird notiert. bis zum ende der veranstaltung müssen wir hier ausharren, dann dürfen wir gehen.

uns ist klar: das lassen wir uns nicht bieten. das ist ein verstoß gegen die verfassung, gegen die meinungsfreiheit. stine sagt: „Wir schreiben einen Brief.“

„an wen willst du schreiben?“

„Na an Erich Honecker, unseren Staatsratsvorsitzenden.“

„und das soll was bringen? der ist der chef aller staatsorgane, die uns verprügelt und festgesetzt haben.“ „das ist doch totaler unsinn, dem zu schreiben“, entgegne ich.

„Naja, nur, wenn der Brief ohne Öffentlichkeit ist. Wenn er aber gleichzeitig oder ein paar Tage später in der ‚taz‘ im Westen erscheint, dann wird’s doch interessant, oder? Und wenn wir ihn in der Kirche verlesen, beim Gottesdienst.“

„Ganz schön gewieft, Stine“, wirft richard ein und auch die anderen in der runde sind einverstanden und überzeugt.

also setzen wir uns hin und schreiben in kleinen gruppen von zwei bis drei leuten verschiedene briefe. dann tauschen wir uns aus und gegen dreie in der frühe ist dann nach heftigen diskussionen alles erledigt. denn es ist nicht so einfach, an den boss einen brief zu schreiben. wie schreibt man dem? unterwürfig? auf augenhöhe? distanziert? nahe? - er ist doch einer von uns eigentlich, ein gelernter maurer. also einfach schreiben, nicht so pathetisch … naja, darüber reden wir uns die köpfe heiß. am ende steht da:[9]

[9] Die Briefe sind original. Sie wurden nach den Demonstrationen der Friedensgemeinschaft in Jena, 1983, verfasst.

„Werter Herr Staatsratsvorsitzender Erich Honecker,

In unserer tiefen Erschütterung über die Ereignisse zur heutigen Friedensdemonstration, die anlässlich des Jahrestages der Bombardierung Jenas durch anglo-amerikanische Flugzeuge stattfand, erlauben wir uns, Ihnen dieses Schreiben zu senden.

Zu den Teilnehmern der genannten Veranstaltung gehörten neben den Arbeitern aus den städtischen Betrieben, den Studenten, Universitätsangehörigen und Schülern, auch wir, das sind junge Christen und nicht konfessionell Gebundene, die sich in einem Friedenskreis vorrangig für internationale Abrüstung und der Ächtung der ABC-Waffen widmen.

Die Demonstration besuchten wir mit unseren selbstgefertigten Plakaten, auf denen wir unserem Friedenswillen Ausdruck verliehen. Die Losungen lauteten:

Frieden für alle

Verzicht auf Gewalt

Gegen Militarisierung des Lebens

Frieden schaffen ohne Waffen.

Unsere kleine Formation, Frauen und kleine Kinder waren auch dabei, ging mit den Transparenten bis auf den Marktplatz, wo sich alle Teilnehmer versammelten. Unser Kreis nahm dort friedlich Aufstellung, um die Ansprache anzuhören. Plötzlich begannen mehrere Personen uns die Plakate und Spruchbänder zu entreißen. Es wurde mit brutaler Gewalt und Beschimpfungen gegen uns vorgegangen. Da selbst unsere Kinder stark gefährdet waren, z.B. wurde ein Kind beim Entwenden der Plakate zu Boden gerissen, war es uns nicht möglich, weiter an der Friedensdemonstration teilzunehmen. Mit dem Ruf „Bringt die Kinder in Sicherheit“ verließen wir den Platz. Durch die gegen uns gerichtete Provokation war es uns nicht möglich, der Opfer des Bombenterrors zu gedenken, für Frieden in der Welt einzutreten.

Durch die beschriebene Maßnahme gegen uns wurde die Veranstaltung gestört, die Bürger, die diesem friedlosen Zwischenfall beiwohnen mußten, waren erschüttert vom Auftreten der Gewalt. Ausgehend zu den von Ihnen gemachten Vorschlägen zum Thema Frieden möchten wir Sie bitten und erwarten, daß Sie veranlassen, die Verursacher der gegen uns und unseren Friedenswillen gerichteten gewalttätigen Provokation zur Verantwortung zu ziehen. Im heutigen Friedensgottesdienst, den der Landesbischof Leich in der Jenaer Friedenskirche hält, wenden wir uns mit diesem Schreiben an die Öffentlichkeit.“

Hochachtungsvoll

es folgen zweihundert unterschriften ...

‚hochachtungsvoll' – also das stört mich schon. aber gut, er ist der boss. und noch was lässt mich aufhorchen, wird mir aber später erst richtig bewusst und ich spreche zuhause mit stine darüber. darf man „bombenterror" sagen? trifft es das wirklich? haben nicht wir deutsche diesen mörderischen krieg angezettelt und millionen menschen ermordet, auf dem gewissen, haben wir deutsche nicht tausende städte zerbombt, zerschossen, gebrandschatzt …? dass die gegner da zurückschlagen ist doch klar. und dass sie in jena zuschlagen, einem zentrum der rüstungsindustrie, ist doch auch klar. ohne die zielfernrohre aus jena hätten die nazis ihre ziele verfehlt! und dass bei bombardierungen zivilisten sterben ist auch klar. was wollen wir eigentlich? wir gedenken des „bombenterrors" der anglo-amerikaner. also der briten und us-amerikaner. klar, da sind sie, die bösen imperialisten und da können wir ihren kampf gegen ein barbarisches deutsches regime, das die welt in brand setzt, als terroristen bezeichnen? das ist unsinn. das ist propaganda. klar, der krieg war entschieden – ob sie die ganze innenstadt hätten zerbomben müssen? wahrscheinlich nicht. andererseits: vielleicht hatte der pilot auschwitz gesehn, was wir da angerichtet haben, die leichenberge, die gaskammern, die verbrennungsöfen … wenn ich sowas in den usa gesehen hätte, in mir wär die galle aufgestiegen und ich hätte bei diesen verbrechern, diesen massenmördern, die wehrlose menschen umbrachten wegen eines glaubens, ja sie ausrotten wollten, ich hätte da auch so richtig aufgeräumt. das wären doch für mich keine menschen, sondern bestien gewesen.

darüber haben wir gesprochen. leider ist es mir zu spät eingefallen und natürlich wäre das auch wieder was, was uns noch mehr ins abseits drängen würde – wenn wir jetzt noch darüber diskutierten. auch kam mir der brief ein wenig gestelzt vor – aber schreib du doch mal einen brief an den staatsratsvorsitzenden. das braucht übung. die bekommen wir auch.

am nächsten tag gibt es eine kranzniederlegung auf dem nordfriedhof.

auch wir besorgen einen kranz und legen ihn nieder mit der aufschrift: „In ehrendem Gedenken – Friedensgemeinschaft Jena“ und dem friedenssymbol „Schwerter zu Pflugscharen“. sofort kommen zivile polizisten oder eben stasileute und verhunzen unseren kranz, drängen uns ab und zwingen uns, das gelände zu verlassen. was soll denn das? also wieder einen brief an erich, diesmal schreiben wir alleine, stine und ich:

„Werter Herr Staatsratsvorsitzender!

Noch schockiert von den gestrigen Ereignissen, die wir Ihnen in unserem Brief vom 18. März darlegten, sind wir abermals in unserer Friedensbekundung behindert worden. Aus dieser Betroffenheit heraus sehen wir uns gezwungen, uns erneut an Sie zu wenden.

Unsere Gedenkminute zu Ehren der Opfer der Bombardierung Jenas, die wir am 8. März auf den zuständigen Stellen anmeldeten, wurde untersagt mit dem Hinweis, uns an der Friedenskundgebung am 18. März und an der Kranzniederlegung am 19. März zu beteiligen. Wir schlossen uns am 19. März dem Trauerzug der Bürger Jenas an und legten am Mahnmal unseren Kranz mit der Aufschrift „In ehrendem Gedenken – Friedensgemeinschaft Jena“ und dem Friedenssymbol „Schwerter zu Pflugscharen“ nieder. Während wir gedenkend schwiegen, wurden unsere Kranzschleifen von mehreren Zivilpersonen unkenntlich gemacht. Gleichzeitig wurden wir von Ordnungskräften abgedrängt. Wir sehen uns nicht nur durch die Opfer des Bombenangriffs auf Jena am 19.3.1945, sondern auch durch das gegen uns angewandte Verhalten gemahnt, wie wichtig die Bewahrung des Friedens ist. Denn wir sind uns sicher, dass es keinen gewalttätigen Weg zum Frieden gibt, allein der Frieden, der friedliche und würdevolle Umgang miteinander ist der Weg und das Ziel zum Frieden zugleich.

Werter Herr Staatsratsvorsitzender!

Durch diesen Brief nutzen wir die Möglichkeit, Sie als Vorsitzenden unseres Staates anzusprechen und Sie auf die Geschehnisse aufmerksam zu machen.

Wir erwarten und bitten darum, daß die Schändung unseres Gedenkens und unserer Friedensbekundung nicht ungestraft bleibt.“

Hochachtungsvoll

wieder folgen ungefähr 200 unterschriften ...

ein guter brief. oder? wir haben nie eine antwort erhalten. vielleicht ist der nie bei ihm angekommen. wer weiß. +++

+++ Tag II

+++ Kapitel 10

„Kennen Sie die Fabel vom bewaffneten Frieden, Herr Domaschk. Die würde Ihnen weiterhelfen. Die würde Ihnen helfen, Ihren subjektivistischen Standpunkt zu erkennen. Wir können uns alle nicht ausssuchen, in welche Zeit wir geboren werden, in welcher Zeit wir leben – man muss die Realität anerkennen und sich einordnen.“

„apropos zeit. in welcher zeit leben wir eigentlich?“

„Es ist Nacht, Herr Domaschk, es ist Nacht. Und wir haben Zeit, viel Zeit. Von unserem Staatsratsvorsitzenden haben Sie ja keine Antwort auf Ihren Brief erhalten. Er hat uns mitgeteilt, Sie zu beobachten, weil Sie ein Staatsfeind sind. Wissen Sie, was das bedeutet?“

er nimmt ein buch aus seinem schreibtisch, schlägt eine seite auf:

„Also hier steht – und ich kann es mir immer nicht merken, ich weiß auch nicht, was da in meinem Kopf los ist, wahrscheinlich bin ich zu gutmütig – hier steht, was ein Feind für die Staatssicherheit ist, und zwar ist ein Feind eine Person, die in Gruppen oder individuell dem Sozialismus wesensfremde politisch-ideologische Haltungen und Anschauungen absichtsvoll entwickelt und in ihrem praktischen Verhalten durch gezieltes Hervorrufen von Ereignissen oder Bedingungen, die die sozialistische Staats- und Gesellschaftsordnung generell oder in einzelnen Seiten gefährden oder schädigen, eine Verwirklichung dieser Handlungen und Anschauungen anstrebt."[10]

er legt das buch zur seite, setzt sich auf den tisch, sieht mich an.

„Kann sich kein Mensch merken. Na, was meinst du, Matthias Domaschk, bist du ein Feind? Was stand da noch mal? Wesensfremde politische Haltungen ... hast du sowas? Ich finde das schwer."

er kommt auf mich zu, geht um mich rum.

„Kann sich kein Schwein merken, diese Worte ... aber ich rieche das, ich rieche Feinde, da ist dieser bestimmte Geruch in meiner Nase. Und was meinst du? Rieche ich bei dir was?"

[10] Wer im Sinne des Ministeriums für Staatssicherheit ein Feind war, wurde im Wörterbuch der Staatssicherheit definiert. Die vorliegende Definition stammt aus dem Wörterbuch der Staatssicherheit. In: Suckut, S. 121

er geht vorbei, stellt sich vor mich, bückt sich, schaut mir in die augen und schnüffelt.

„Rieche ich da was? Ich rieche die Angst, weißt du, ich rieche die verdammte Angst, rieche, wenn du die Hosen voll hast, weil dein Gewissen sich auskotzen möchte. Es ist so ein ekliger Geruch, der mir da in die Nase steigt."

ich halte seinem blick stand – bis kurz vor dem ende, dann senke ich meine augen, ich weiß auch nicht, aber es ist eine so widerwärtige situation. er geht zum schreibtisch und schreit, wie verwandelt, in einem gellenden ton zuerst, dann beschwörend eindringlich, leise:

„Du stinkst, du stinkst ganz gewaltig Domaschk, es ist so eklig und weißt du, ich rieche nicht nur, ich sehe auch, ich sehe in die Augen und warte und wenn die Augen sich senken, die ich da ansehe, dann weiß ich, da verbirgt einer was, da sagt einer nicht die Wahrheit, da versteckt einer was in einer dunklen Ecke und wenn du was Lebendiges versteckst, dann fängt es an zu stinken und genau das rieche ich, genau das rieche ich jetzt. Mach dein Maul auf und erzähle endlich, was du in Berlin anstellen wolltest!"

zum schluss schreit er wieder wie ein blöder. ich bin verwirrt, ziemlich verwirrt. der war ja anfangs so freundlich. und jetzt diese szene. es ist unwirklich. ich weiß nicht, was ich davon halten soll. wie lange geht das jetzt schon? drei, vier stunden?

hier hilft mir keiner. komme ich hier wieder raus? soll ich was sagen? wenigstens was banales? dann sind sie vielleicht zufrieden?

„wie ich schon gesagt habe: wir wollten zu einer geburtstagsfeier."

„Wer sollte noch alles kommen?"

„peter und ich, mehr weiß ich nicht."

„Und die andern, die da noch im Zug saßen?"

„kenne ich nicht."

„Wo wollten Sie feiern?"

„bei freunden in der augustraße 3"

„Wie heißen die?"

„das wissen sie doch, sie haben doch den brief selbst vorgelesen."

„Wo wollten sie übernachten?"

„bei freunden oder bekannten.ich hatte aber noch keinen plan. vielleicht wäre ich ja auch in der wohnung geblieben, oft geht so eine party bis in den morgen hinein."

„Inwieweit sollte die Reise nach Berlin einem weiteren Zweck dienen?"

„och man, das hatten wir doch schon so oft. ich wollte nur zur fete."

„Nur zur Fete. Und Parteiabzeichen ziehen? Nun mach' mal hier nicht so auf unschuldig. Wie lange wollen wir hier noch sitzen und Gefälligkeiten austauschen."

er rastet aus, schlägt mit der faust auf den tisch.

„Inwieweit halten Sie Verbindungen nach West Berlin bzw. in die BRD?"

„was hat das mit der reise zu tun?"

„Ich stelle hier die Fragen, Domaschk, dass das klar ist."

„Womit befasst du dich eigentlich in deiner Freizeit?"

„das geht sie nichts an."

„Und ob mich das was angeht, wenn ein scheiß Gammler wie du in seiner Freizeit Anschläge gegen unseren Staat plant."

„anschläge gegen unseren staat? was meinst du?“

„Duz mich nicht, du kleines Licht, sonst hau ich dir eine in die Fresse. Ich frage mich, was macht so ein kleines Licht wie du in der CSSR, bei einer staatsfeindlichen Gruppierung? Was habt ihr da ausgeheckt?“

ja, ich war in der tat mit stine in die cssr gefahren, zu einer gruppe, die die ‚charta 77‘ verfassten. wir schilderten denen die ereignisse in jena und sie schrieben das halt auf. um es zu dokumentieren. um zu sammeln, was in einzelnen ländern so passierte an aktionen und repressionen. und wir gingen natürlich zum jüdischen friedhof, ins kafka-haus und zur burg, wo die alle aus dem fenster gestürzt waren.

„es geht sie glaube ich nichts an, wenn ich in ein befreundetes sozialistisches land fahre und mir land und leute anschaue. und ich liebe kafka, deshalb fahre ich nach prag, weißt du, weil der genauso sachen geschrieben hat, die hier abgeh‘n, nur dass er das nicht wirklich erlebt hat, nur in seinem kopf ist das geschehen. aber hier sitze ich und mir wird der prozess gemacht, weil ich zu einer party nach berlin fahren wollte. ich bin der käfer, der auf dem rücken liegt und meinst du, du kannst etwas aus mir rauskriegen? ich bin ein käfer man, ich bin verwandelt und du wärst ein verdammt guter zauberer, wenn du mich zurückholen könntest, du arschloch.“

treffer. er kommt auf mich zu und ich denke, er schlägt mir

eine runter, so gewalttätig sieht er und holt aus und ich denke, jetzt schlägt er zu und weiche ruckartig zurück, verliere mit meinen unter den oberschenkeln festgepressten händen das gleichgewicht und kippte um mit dem stuhl. ich habe ihn getroffen. sofort kommen zwei wachposten gelaufen und stellen sich dazwischen. sie halten ihn fest! stell dir das mal vor. ich habe gewonnen gegen diesen stasi futzi. es steht 2:0 für mich.

danach ist es erstmal still.

was mich wundert, ist, warum sie mich nicht nach dem schärfsten ding fragen, was wir, richard und ich, gedreht haben.

es war der erste mai, kampf- und feiertag der arbeiterklasse.

alle einwohner treffen sich in großen gruppen mit ihren schulen, verwaltungsbereichen, instituten, sportvereinen und so weiter an großen sammelplätzen. meist hinten, am pulverturm, am botanischen garten, am planetarium. dann geht es los in richtung holzmarkt. dort steht eine große tribüne mit politischer prominenz.

richard hat eine großartige idee. er rasiert seinen bart, bis auf einen kurzen schmalen an der oberlippe, kämmt sich einen seitenscheitel und sieht aus wie – na du weißt schon. ich klebe mir einen bart an der oberlippe an, einen langen, an der ganzen oberlippe lang und noch ein wenig an den mundwinkeln herab. ich kämme die haare nach hinten, aber nicht ganz glatt, sie wölben sich ein wenig nach oben. dann male ich die augenbrauen schwarz und sehe aus wie – na du weißt schon, der andere diktator. wir haben uns beeimert zu hause, stine half uns bei den frisuren.

dann verstecken wir unsere gesichter, kleben große bärte über, setzen mützen auf und gehen durch die stadt zur tribüne. dort stellen wir uns daneben. die massen gehen vorbei und wir ziehen unsere masken ab und stehen neben der tribüne und winken, winken als hitler und stalin. und weißt du was? sie jubeln uns alle zu. viele lachen und grüßen – erkennen das wohl nicht so richtig, einige schauen verdutzt, andere grinsen verständig. bis wir ein paar verbissene gesichter in den reihen der demonstranten erblicken. da rennen wir los. bloß weg hier. sie haben uns erkannt.

es war der reinste spaß: wir hatten den leuten gezeigt, was hier abgeht. eine huldigung an diktatoren, die nicht die gegebenen gesetze einhalten, sondern nach gutdünken herrschen, unbequeme leute abdrängen und einsperren. erst haben die leute gelacht, dann waren sie entsetzt, dann haben sie vielleicht überlegt. ja, man, dass war toll und befreite irgendwie meine seele in diesem stau an gefühlen, der da immer war und nicht ausgedrückt werden kann. danke richard, danke dafür. das gibt mir kraft auch hier. aber was ist da eigentlich los? es passiert gar nichts mehr ...

Währenddessen im Nebenraum:

„Lass uns eine Pause machen. Er ist gerissener, als ich dachte. Allerdings reagiert er auf Druck. Er hat gesprochen, nachdem du härter wurdest, das Tier gezeigt hast. Du warst sehr unprofessionell zum Schluss. Aber auch das wird was nützen. Der Schlag, der ja keiner war, hat gesessen. Er fühlt sich jetzt zwar als Sieger, aber er hat reagiert. Er hat Angst. Wir müssen die Schrauben anziehn. Du machst danach weiter, Genosse Peißker, das war doch schon besser. Zigaretten, Kaffee, das volle Programm. In der Pause möglichst nicht zum Essen kommen lassen."

die tür geht auf.

„Pause, Domaschk. Sie haben sich eine Pause verdient. Wache: Abführ'n den Mann." +++

+++ Tag II

+++ Kapitel 11

wir gehen in die zelle. in der zelle, als die tür hinter mir zugeht, klappe ich zusammen. ich kauere auf der erde und heule, ich krabble in die ecke der zelle und heule rotz und wasser, ich schluchze zum erbarmen. dass ich gewonnen hatte bisher, dass es 2:0 steht, war mir jetzt nicht mehr gegenwärtig. ich fand das sogar ziemlich kindisch, was ich da gedacht hab. jetzt fällt die spannung ab, die ganze spannung dieser situation. Ich zittere und schluchze, wünsche mir stine, richard und christos und peter her … wo seid ihr, helft mir doch ...

„Nummer zwei aufstehn und in die Mitte. Aber dalli", brüllt die Wache durch den Schlitz. Sie wollen mich sehn. Ich bleib einfach so in der ecke. Es ist mir alles egal.

die riegel klacken, metall auf metall, die tür geht auf und zwei wachen holen mich aus der ecke und setzen mich auf den hocker.

„Reiß dich zusammen man und denk an die Hausordnung. Du musst zu sehen sein, Nummer zwei.“

ich denke an die hausordnung. da steht doch, dass ich ab 22.00 uhr im bett, nein, auf der pritsche liegen darf. also rauf da. es klappert.

„Aufstehn, du hast keine Nachtruhe Nummer zwei. Nur sitzen, man. Nur sitzen.“

ich setze mich auf, stehe auf, gehe zur tür. keine klinke, kein riegel, ich gehe zur pritsche, stelle mich rauf und befühle die glasbausteine – kein fenster, kein griff, keine aussicht. ich gehe zum klo, öffne den deckel, hocke mich davor, stecke meinen kopf rein und rufe: „peter, stine, roland, christos ….“ es ist umsonst. ich taumele zur tür.

„ich will was zu essen“, rufe ich laut und poche gegen die tür. es klappert.

„Kommt gleich, gedulde dich, Nummer zwei. Wer nicht arbeitet, kriegt auch erst spät zu essen.“

ich klappe den tisch von der wand und setze mich auf den hocker. dann versinke ich in einem traum ...

„mensch christos, was machst du hier?“

„Ich hol dich hier raus."

„die machen mich fertig. aber ich hab ihnen noch nichts gesagt. die kriegen mich nicht klein, die schweine."

„Los, komm. Folge mir."

christos öffnet die zellentür. wir gehen unbehelligt durch das gefängnis. die türen öffnen sich vor uns von selbst. ich kann es nicht fassen.

„Es ist der Glaube Matz, nur der Glaube, er führt dich hier raus."

„so einfach ist das. man, das hätt' ich nicht gedacht. aber ich bin nicht wirklich gläubig, das weißt du."

„Klar man, deshalb zeig ich dir das auch. Ich zeig dir, wie es geht."

„wohin führst du mich?"

„Zu deinem Freund. Du solltest mit ihm sprechen."

wir gehen zu peter in die zelle. die türen öffnen sich kurz vor uns. ich gehe verwundert hinter christos her. es öffnet sich auch von selbst peters zellentür. wir umarmen uns eine weile still.

„peter! wie geht's dir?"

„Matz! Alles gut man. Aber du siehst ziemlich fertig aus."

„was hast du erzählt? ich sag denen nichts, gar nichts, keine namen, keinen ort, nichts."

„Doch Matz, du musst was sagen. Sonst erstickst du. Wir haben nichts getan, was nicht erlaubt ist. Das kannst du ihnen sagen. Auch was sie eh schon wissen: Deine Haltung, deine Einstellung. Ich hab ihnen erzählt, dass wir zu einer Feier eingeladen waren, dass wir im Zug die Kumpels aus Jena getroffen haben, dass da noch mehr eingeladen waren zu der Feier."

„alter, du kannst doch die namen nicht sagen?"

„Warum nicht, wir haben nichts getan und die auch nicht. Geburtstag darf jeder feiern, auch wenn es in Berlin ist. Ich hab auch gesagt, dass ich mich mit Andrea am Übergang Friedrichstraße treffen wollte, um mir Platten abzuholen. Pink Floyd sind nicht verboten. Habe auch gesagt, dass ich Kontakt zu einigen habe, die ausgereist sind, dass wir uns getroffen haben in der CSSR und in Polen."

„bist du verrückt, das kannst du doch nicht machen?"

„Die sind alle im Westen, denen kann nichts passieren. Hab' ihnen auch erzählt, dass Christoph in Westberlin die Bundis über die DDR aufklärt. Und dass er sich verändert hat, dass er eine beschissene westliche Denkweise hat, meint, er könne nur von außen auf eine Veränderung hinwirken. Ich dagegen bin der Meinung, dass ich hier lebe, dass ich mit den Verhältnissen, die ich vorfinde, klarkommen muss, dass ich meine Meinung habe, Kritik äußere, um was zu verändern."

„alter, bist du verrückt? die machen dich doch fertig, wenn du so offen redest? die zwingen dich doch, alles zu verraten, deine ideale, dein leben, deine freunde."

„Nein Matz. Aber die wissen das alles. Warum soll ich ihnen das nicht sagen. Die wissen, dass ich gegen den aktiven Wehrdienst bin, dass ich in der Jungen Gemeinde die Leute darüber informiere. Du weißt doch, dass da immer jemand von denen dabei ist. Ich stehe dazu. Und das darfst du dir nicht nehmen lassen hier, dazu zu stehen, was du machst, wovon du überzeugt bist. Du musst zu dir stehen. Das gibt dir Kraft und Stärke. Das Schweigen legt seine Hände um deinen Hals und drückt dir die Luft ab, das Schweigen führt dich in einen dunklen feuchten Keller ohne Licht, dorthin, wo deine Schwäche wohnt, wo du alleine und verlassen nur noch fliehen willst, nur raus willst, ans Licht und alles dafür tust - das Schweigen führt dich in die Kammern deiner Ängste."

„hör auf peter. wir haben uns geeinigt, nichts zu sagen, nichts zu verraten. nichts und niemanden. und du redest wie ein wasserfall."

„Von mir, Matz. Ich sage nichts, was sie nicht eh schon wüssten. Und ich steh‘ zu mir. Machs auch, sonst wirst du ...“

„hör auf, mir tipps zu geben. ich sag‘ nichts. Christos, mach die türe auf, ich will hier raus.“

Schlüssel klirren. Der Riegel wird verschoben. Die Tür öffnet sich.

ich schrecke hoch. bin in schweiß gebadet und verwirrt.

„Kommse, Domaschk. Warum hamse nichts gegessen?“

„essen, wo ist was zu essen?“

„Na hier, auf dem Tisch, die ganze Zeit schon. Hab‘s ihnen vorhin reingebracht, da hamse tief geschlafen.“

„geschlafen? wie spät ist es? geschlafen? nein. auf dem tisch stand auch vorhin nichts. das haben sie eben erst mit reingebracht. warten sie, ich esse schnell noch was.“

„Nein, jetzt nicht mehr, kommse. Raus jetzt. Die warten schon.“

ich will mir noch was vom teller nehmen, doch der wärter hindert mich daran und drängt mich aus der zelle. +++

+++ Tag III
+++ Kapitel 1

Tonband ab. „Es ist der 12.4.81, 4.30 Uhr.

„Also, Herr Domaschk. Ich hoffe, Sie haben sich gestärkt und vielleicht mitbekommen, dass wir Sie gut behandeln. Es wäre schön, wenn Sie auf unsere Fragen antworten würden, damit wir bald alle nach Hause gehen können zu unseren Familien und Liebsten."

„ich habe nichts gegessen und nichts getrunken. mir wurde, nachdem ich eingeschlafen war, das essen gebracht. als ich wieder wach war, durfte ich nichts mehr essen. ich verlange essen zu können."

„Die Pause ist zu Ende. Kaffee und Zigarretten liegen bereit. Sie dürfen jetzt auch die Hände frei bewegen."

nr. 1 richtet die lampe jetzt genau auf mich. sie blendet stark. „was soll das? drehen sie die lampe weg. sie sagten, dies sei eine befragung, kein verhör."

„Wenn du wüsstest, was ein Verhör ist, würdest du das nicht sagen. Aber bald sind wir soweit. Eben erhielt ich die Information, dass du nicht nur in der Schule den Faschismus mit dem Sozialismus gleichgestellt hast, sondern auch in deiner Armeezeit. „die Schule der Nazion“ - erinnerst du dich, das hast du geschrieben. Weißt du eigentlich, was das bedeutet vor Gericht? Das ist staatsfeindliche Hetze. Du beschreibst unsere Nationale Volksarmee, die mit unserer Bruderarmee, der Roten Armee, zusammenarbeitet, zusammen kämpft gegen Imperialismus und Faschismus, diese, unsere Volksarmee vergleichst du mit den Nazis, setzt sie gleich mit der Wehrmacht, die mit ihrer menschenfeindlichen Weltanschauung einen nie dagewesenen Zerstörungsfeldzug gegen die Menschheit durchgeführt hat. Das ist ein Angriff auf unsere sozialistische Gesellschaftsordnung, mein ach so lieber sensibler Matz – dafür landest du im Gefängnis und zwar für zwei bis zehn Jahre, da müssen wir uns mal überlegen, was wir da Gutes finden für dich, damit du deinen kleinen Kirchenengel vor der Jugendweihe wiedersehen kannst. Hattet ihr eigentlich echten Sex oder war da die unbefleckte Empfängnis im Spiel? Ihr Engel, ihr falschen Engel, die ihr Schafpelze tragt und in Wirklichkeit als Wölfe eure Beute in den Herden des sozialistischen Staates reißt. So richtige Schmarotzer. Also zwei bis zehn Jahre werden das. Staatsfeindliche Hetze. Denk dran. Wie kamst du eigentlich auf diesen Vergleich? Erzähl mal ’n bisschen. Vielleicht gab es ja einen gewissen Druck, dem du nicht gewachsen warst, vielleicht gibt es subjektive Gründe, warum du zu solch einer Formulierung gelangt bist, nicht alle Soldaten in einer sozia-

listischen Armee haben ein gut entwickeltes Bewusstsein, es kann ja sein, dass du von einem oder mehreren fragwürdigen Elementen traktiert wurdest. Sowas soll ja vorkommen, wenn viele Menschen aufeinander treffen. Warum warst du eigentlich in einer Einheit des rückwärtigen Dienstes? Wir hatten dich vorgesehen als Grenzsoldat?"

ich versinke in meinem stuhl. ich versinke in mir. wie kommen sie an den brief? ich habe doch extra alle über den pfarrer geschickt? scheiße, scheiße, scheiße, was soll das hier werden? was soll ich sagen? warum diese ganzen vorwürfe? was haben sie vor?

„ich stelle fest: es ist keine befragung. es ist ein verhör. sie foltern mit blendlicht. sie haben das briefgeheimnis verletzt und damit gegen die verfassung der ddr verstoßen. ich möchte einen anwalt. ohne einen anwalt sage ich nichts."

der vernehmer schüttelte sich vor lachen, nicht laut, er genießt es, er genießt meine verzweifelte lage, er genießt die erkenntnis, dass er da gut gesprochen und mich offensichtlich getroffen hat.

„Nun mal halblang, Herr Domaschk. Noch reden wir harmlos miteinander, tauschen uns aus. Noch ist nichts in Sack und Tüten, wie man so schön sagt, aber wenn Sie ein wenig kooperativer wären, dann ginge alles schneller. Im Vertraun: Jeder von uns hat was auf dem Kerbholz oder eine Leiche im

Keller, wie man so schön sagt, dass heißt noch lange nicht, dass man dann ins Gefängnis kommt. Wo kämen wir da hin? (lacht, freut sich) Die ganzen schönen Neubaugebiete, dass wären alles Gefängnisse oder in der Altstadt, da wo ihr euch rumtreibt – ein einziger Knast. Sie sind ein sensibler Zeitgenosse, Domaschk und es kann helfen, sich mal die Seele freizureden. Dass mit der Armee und den Nazis, das haben sie doch nicht so gemeint, dass ist mir doch auch klar. Nur Sie müssen das richtigstellen, uns zeigen, dass das ein subjektives Erleben war und kein Angriff auf unseren Staat.“

subjektives erleben. nachdem ich also von der schule geflogen war, kam die musterung. ich musste zur musterung, wenn du weißt, was ich meine. da gehst du in eine baracke, da sitzen dann so sechs leute und befragen dich. einige davon soldat oder offizier, so genau weiß ich das nicht, sie haben sich nicht vorgestellt. vorher gibt es eine ärztliche tauglichkeitsuntersuchung. danach die befragung.

ich sitze auf einem stuhl. wie hier eigentlich. vor mir ein langer tisch. dahinter verschiedene leute – in uniform, zivil, in weißem kittel.

„Herr Domaschk, ihre ärztliche Untersuchung hat ergeben, dass Sie voll wehrdiensttauglich sind. Herzlichen Glückwunsch. Wir würden Sie gern an die Grenze schicken, wo Sie sich beweisen können – gerade, nachdem Sie aktuell sozusagen in Ungnade gefallen sind, also unter uns gesprochen – wo

Sie zeigen können, dass Sie voll auf unserer Seite stehen. Sie haben angegeben, Grundwehrdienst leisten zu wollen. Auch hier wäre zu überlegen, aufgrund der aktuellen Situation, ob Sie sich nicht dazu entschließen könnten, länger zu dienen, wenigstens drei Jahre. Auch das würde Ihre Glaubwürdigkeit und Ihre Position verbessern und sicher wäre dann ein Nachholen des verpassten Abiturs möglich und auch ein Studium Ihrer Wahl. Was halten Sie davon?

oh, oh, oh … jetzt bräuchte ich bedenkzeit, so viele entscheidungen und jetzt, hier, sofort.

„ich möchte darüber in ruhe nachdenken."

„In Ruhe nachdenken, ja, das haben Sie auch schon zu unserem Genossen Arbeiterveteran gesagt. Aber Sie hatten doch jetzt genug Zeit, um nachzudenken. Sie müssen sich jetzt äußern, sonst weisen wir Sie zu, Grundwehrdienst und Grenze."

gut. also nun mal los, matz, was willst du, was musst du sagen.

„gut, ich gehe an die grenze. ich nehme das gewehr in die hand. ich schütze das land, in dem ich lebe, in dem meine freundin lebt, meine schwangere freundin, in dem unser kind leben wird, in dem unsere eltern leben,"

„Kommen Sie zur Sache."

„in dem meine freunde leben. ich schütze das land vor leuten, die eindringen, uns bedrohen, überfallen wollen, ja, das mache ich. ich würde dann auch schießen, gebrauch machen vom gewehr, obwohl mir das schwer fällt. ich würde allerdings nicht schießen, wenn jemand vor mir wegläuft, wenn jemand also unser land verlassen möchte, wenn er seinen wohnsitz verlegen will in ein anderes land. das steht ihm zu, das steht in der helsinkier schlussakte, dass jeder seinen wohnsitz frei bestimmen kann. erich honecker, unser staatsratsvorsitzender, hat das unterzeichnet und somit gut geheißen."

„Also jetzt hör'n Sie mal zu, Sie sollen hier keine Reden halten, sondern klar sagen, was Sie meinen."

„Ich meine, dass ich nicht schießen werde auf jemanden,

„ … der unseren Staat illegal verlassen will?"

„der unbewaffnet vor mir wegläuft."

stille. sie sehen mich an. sie sehen nach unten. sehen sich gegenseitig an.

„und ich werde meine pflicht tun und grundwehrdienst leisten. ich habe keine besondere zuneigung zu befehl und gehorsam. als „dreijähriger" würde ich zum unteroffizier und müsste soldaten befehle geben. das möchte ich nicht. aber meine pflicht tue ich."

stille.

„Gut, Herr Domaschk. Wir haben das gehört. Wir sind hier kein politisches Seminar. Sie müssen wissen, was sie tun, was sie sagen und welche Konsequenzen das hat. Auf Wiedersehen."

oh man, ich habe das geschafft. ich habe das überstanden. ich habe mein gesicht gewahrt, meine haltung. aufrecht gehe ich los. bis in die stadt sind es vielleicht fünf kilometer. ich will laufen, frei ausschreiten und meinen erfolg genießen. ich muss an peter denken, der den dienst mit der waffe verweigert hat. ich verstehe ihn, aber so weit bin ich nicht. ich denke wirklich, dass ich mich verteidigen würde, wenn mich jemand angreift. ich würde mich nicht schlagen lassen, die rechte wange hinhalten, nachdem ich eine auf die linke bekommen habe. so laufe ich im gefühl des triumphs. seine meinung sagen – das ist nicht einfach hier und hat konsequenzen. es sind ja keine großen dinge. doch du wirst ausgeschlossen. du wirst nicht mehr wohlwollend angesehen. du wirst nicht freundlich angesprochen. du bist einer, der nicht mehr richtig dazugehört. du bist allein. mit deinen freunden.

ich laufe an der saale lang, es ist frühling und alles duftet nach ambrosia. die apfelbäume blühen und diese weiße pracht lacht mich an und ich freue mich über die verbindung. wenn du blühst, wirst du später früchte tragen. ja, so wird es sein. wenn du deiner inneren stimme folgst, wirst du später bei dir ankommen. ja, das wünsche ich mir. bei mir ankommen. sein, wie ich bin. meine freunde. bühen und öffnen wir uns - dann werden wir früchte tragen.

einberufungsbefehl

ein paar tage später bekomme ich die nachricht, dass ich also ab november als motschütze in einer panzereinheit im norden dienen muss. gefürchtet, diese einheit. aber egal. dann ist es eben so.

wir werden auf einen großen platz geführt. tausende. müssen in reihen und gruppen dastehn. das nasse laub liegt auf dem asphalt, in den bäumen sitzen die krähen und raben. ich komme auf ein zimmer mit sechs leuten.

„Hey du schwuchtel, deine haare sind zu lang, die müssen ab, aber sofort. Heute abend sehe ich dich mit kurzen haaren, dass das klar ist.“

schwuchtel. man, ist das ein arschloch. ich überlege, was ich zu ihm sagen könnte.

„Das das klar ist, man?“ brüllt er, „das heißt zu Befehl Genosse Unteroffizier!“

ich schlucke.

„zu befehl, genosse unteroffizier.“

„Na also, geht doch.“

also haare ab.ich bitte einen kameraden, mir die haare abzuschneiden. er schneidet einfach so ab, wie es kommt. ich sehe aus wie ein gerupftes huhn mit riesigen ohren. noch nie hatte ich so riesige ohren an mir gesehn. ich sehe in den spiegel und kann es nicht fassen: da steht ein anderer. das bin nicht ich. nicht das ICH, dass ich kenne. die haare bedeuten mir ja etwas. freiheit, ungezwungenheit, lebendigkeit und so. die freien hatten lange haare, dass war schon im mittelalter so. wir haben uns erkannt in der stadt: wer lange haare hat, gehört dazu. zu den andern, zu denen, die nicht nur mitlaufen wie die schafe und gemeinsam blöken und regelmäßig geschoren werden. ich bin geschockt. fühle mich kahl, wie ein gefangener, kahl und hilflos. kalt fühlt es sich an an meinem kopf, kalt fühlt es sich an in meinem herzen. andererseits denke ich: was sind schon haare? ich bin doch nicht meine haare. ich bin ich. mit kurzen oder mit langen haaren.

die tage vergehen. nntreten, links um, rechts um, im gleichschritt marsch, das gewehr ab, wegtreten … wir üben das, bis es sitzt … ihr müsst im traum marschiern … dann sitzt es … jeden tag das gleiche. ein leben ohne sinn.

wichtig sind mir die briefe, die ich bekomme. in ihnen finde ich den sinn, der hier fehlt. sie tragen den sinn in ihren zeilen, in der blauen tinte leben wir und sind außen fremde in uns selbst.

vor der vereidigung hatte ich einen traum, einen alptraum, um genau zu sein. irgendwann in der nacht fühlte ich eine hand auf meiner schulter und ich erwachte, völlig irritiert und schweißnass. „Ruhig, Matthias, ruhig, du hast nur schlecht geträumt."

ich stehe auf einem schlachtfeld, verstecke mich irgendwo hinter einem hügel und die, die ich vernichten soll, gehen in geringer entfernung an mir vorbei, ohne mich zu bemerken. ich soll sie, wenn sie vorbeigegangen sind, von hinten erschießen. ich lege das gewehr an, doch ich kann einfach nicht, ich sehe auf einmal das gesicht des kleinen jungen, der mir sagt, dass ich nicht schießen soll und ich sehe die gesichter derer, die mich vielleicht sofort erschießen werden oder die die gleichen gedanken haben wie ich in diesem augenblick und denen die angst die kehle einschnürt und das herz rasen lässt, um in den vielleicht letzten minuten ein ganzes leben zu schlagen. Und da, plötzlich, stehe ich auf, lege das gewehr beiseite, und rufe mit der angst des todes ein schrilles „nein". schnell drehen sich die anderen um, schlagen ihre gewehre an und schüsse krachen aus etlichen mündungen und ich spüre, wie ein feuer mich verbrennt, innerlich, und ich sehe noch, wie einige zu mir kommen und ihre gewehre in den sand werfen und schreien und weinen um ihren feind, der doch alles beenden wollte, was auch sie am liebsten sofort beenden wollten ...

da bin ich erwacht. ich sehe an mir herab und fühle meinen brustkorb, meinen bauch und alles ist heil, kein schuss hat mich verletzt, getroffen – alles nur ein traum.

und dann stehe ich da auf dem riesigen platz. ungefähr tausend soldaten sind da versammelt und wir sprechen den eid:

ich schwöre

der deutschen demokratischen republik, meinem vaterland, allzeit treu zu dienen und sie auf befehl der arbeiter-und bauernregierung gegen jeden feind zu schützen.

ich schwöre

an der seite der sowjetarmee und der armeen der mit uns verbündeten sozialistischen länder als soldat der nationalen volksarmee jederzeit bereit zu sein, den sozialismus gegen alle feinde zu verteidigen und mein leben zur erringung des sieges einzusetzen.

ich schwöre

ein ehrlicher, tapferer, disziplinierter und wachsamer soldat zu sein, den militärischen vorgesetzten unbedingten gehorsam zu leisten, die befehle mit aller entschlossenheit zu erfüllen und die militärischen und staatlichen geheimnisse immer streng zu wahren.

sollte ich jemals diesen meinen feierlichen fahneneid verletzen, so möge mich die harte strafe der gesetze unserer republik und ihrer nationalen volksarmee treffen.

es ist mir sehr mulmig zumute bei der ganzen sache. ich bewege meine lippen und spreche leise, ganz leise, obwohl wir natürlich laut sein sollen. es kommt „verteidigung“ vor, es kommt „ehrlich und tapfer“ vor – allerdings kann verteidigen auch angreifen heißen – wenn zum beispiel leute leben wollen, wie sie es für richtig halten und nach meinung des staates damit den staat gefährden, dann verteidige ich, indem ich eingreife und angreife. was sind schon worte.große probleme habe ich mit dem „unbedingten gehorsam“. und wenn die befehle gegen menschenrechte verstoßen? auch dann? ein gespräch darüber gab es in der kaserne natürlich nicht, weil du damit unterstellt hättest, dass ein friedenliebender sozialistischer vorgesetzter sowas machen könnte – und das konnte natürlich nicht sein. und wenn du sowas denkst, dann steckt da meistens mehr dahinter und dann wollen wir mal wissen, was du noch so in deinem hinterstübchen versteckst …

in den ersten wochen ist oft nachts alarm. so gegen 2.00 uhr geht die sirene an. normaler alarm, gasalarm, ohne gasmaske, mit gasmaske. es ist schrecklich, weil du immer ins bett gehst und nicht weißt, ob jetzt wieder der alarm losgeht. wenn du nämlich zu langsam bist, dann musst du den rest der nacht üben.

auf der bude ist es meistens in ordnung. ich habe einen kameraden aus werder, an der havel, ein gemütlicher dicker, der bringt immer geräucherte aale mit, die dann mit reichlich schnaps vertilgt werden. einer ist aus gera, der ist eigentlich in ordnung, aber er sagte uns, dass er bei der stasi sei und abgeordneter der SED im stadtrat. wir standen alle etwas perplex da und dachten, wieso erzählt der uns das? auf alle fälle ist also vorsicht angesagt. dann ist da noch einer, der aus der brandenburger ecke kommt, ein bauer, der unheimlich stolz auf seine arbeit ist und ziemlich clever für seine sechs klassen, die er in der schule abgesessen hat. also die leute gehen, wir sitzen auch mal und spielen karten.

einmal aber eskaliert die situation. aus dem nebenzimmer, in dem ein ziemlich unangenehmer typ wohnte, waren alle zu uns gekommen. ich hatte besuch und kam von der wache, wo so ein kleines besucherzimmer war. stine war mit einer freundin vorbeigekommen. es war unfassbar. sie hatten mich überrascht. Ich freute mich sehr, hatte nur nicht so viel zeit. sie hatten mir einen kuchen gebacken und den futterten wir mit reichlich kaffee. sie gaben mir briefe von richard und christos mit. wir hatten nur eine stunde, dann waren andere dran. leider konnte ich nicht mit raus und so waren sie für eine stunde insgesamt zehn stunden mit dem trabi unterwegs. fröhlichtraurig ging ich zurück, wollte erstmal in ruhe die briefe lesen.

irgendwas ist komisch. mein spind steht offen. da plötzlich kommen sie rein, von der anderen bude: „Hallo, du kleiner fast

Abiturient … na, wie war‘s? Hat dich deine Mutti besucht? Ich hoffe, du hast dich amüsiert und nicht nur geredet ? Soll ich dir mal was Schönes vorlesen?“

er trägt mein tagebuch in der hand. meine gedanken, meine gefühle, meine sehnsüchte – all das, was unter der uniform ja versteckt ist, das menschliche leben, was eingeschnürt wird, überdeckt, abgeschnitten von der luft. das menschliche, diese weiche haut, diese offenen poren, die in verbindung stehen mit allem ringsum – abgeschnitten, zugedeckt, verschnürt unter der uniform. ich bin sprachlos. unfähig zu reagieren. er liest.

„meine liebe stine, vielen dank für deinen brief. und da ich den brief in meiner hand halte, denke ich, dass du deine hand in meiner hältst und deine augen in meine schauen und wir uns endlich unterhalten können.“

„Uuuuuuhhhhh – Unterhalten will er sich.“ die anderen lachen.

„du schreibst in deinem brief, dass du dich vom leben mitreißen lässt und das es in dem fluss viele strudel gibt, die dich mitreißen und untertauchen und dann kommst du mit mühe wieder und nach luft schnappend an die oberfläche zurück. so geht es mir hier auch, du holst tief luft und freust dich, dass du noch am leben bist und wirst von dem fluss immer weitergetragen; rauszukommen, ans ufer zu gelangen ist nicht möglich.“

„Ooooch, heul‘ doch, komm, heul‘ schon ein bisschen ...“

„du schreibst, ob ich irgendwas brauche oder haben möchte – ja, ich brauche stimmen, menschliche stimmen, die mir die hand reichen, wenn ich hier in diesem fluss, in diesen strudeln unterzutauchen drohe.“

ich fasste mich.

„hör auf damit, halts maul jetzt und gib mir das buch zurück.“

ich gehe zu ihm hin und will ihm das buch entreißen. da reißt er es entzwei und wirft einen teil einem anderen zu.

„Huch, nun isses kaputt gegangen. Das tut mir aber leid. Haltet ihn fest.“

die anderen halten mich zurück. „Los, jeder liest was vor.“

„hört auf damit, das ist bescheuert, das sind meine sachen, die gehen euch nichts an.“

„Na und ob. Vielleicht schreibst du Berichte für die Stasi! Wollen wir doch mal sehen.“

„Hier steht „Tag der Vereidigung“, das ist vielleicht interessant:
„es ist sehr neblig draußen und es regnet und kalt ist es auch.

– ‚Ja, genauso wars‘ –

ich friere sehr, meine stimme ist eingefroren, mein kopf, mein herz

– ‚alter, genau so‘ –

in zwei stunden werde ich schwören, mein leben für diesen staat zu geben, auf jeden feind zu schießen, der mich bedroht. aber wenn der staat, in dem ich lebe, jemanden angreift, dann muss ich das auch machen. davon ist aber nicht die rede. deshalb ist es nicht wahr. ich weiß nicht, wie viele menschen schon diesen schwur geleistet haben, millionen, milliarden, alle meine vorfahren, die im ersten und im zweiten großen krieg gefallen sind. was haben die eigentlich für einen text gesprochen? ob der ähnlich war? sie alle sind verarscht worden und wir werden auch verarscht.“

– ‚ej man, dass ist gut, weiter‘ –

„scheiße, peter hat recht, ich hätte keine waffe in die hand nehmen sollen. mit keinem kann man hier offen darüber sprechen. sobald du was sagst, was einen zweifel ausdrückt, wirst du angebrüllt, ausgelacht. keine schwäche zeigen. vor dem klassenfeind. aber wer seine schwächen nicht zeigen kann, wird nicht davor zurückschrecken, seine stärke zu missbrauchen. und in wahrheit sind hier alle so schwach, ihre tränen sind vergoren in zynismus und kraftmeierei. aus angst vor ihrer angst, aus angst vor ihrer schwäche werden sie zu steinen."

„Meinst du uns damit? Ja?"

„auch dich, ja. sieh dich doch mal an, was du da grade machst?"

„Ich höre schöne Sachen. Weiter, los."

„abends: so, jetzt bin ich vereidigt und besoffen. wie alle hier."

– ‚ja, genau so' –

„einer schnarcht und furzt, dass du nicht weißt, ob da ein mensch liegt oder ein tier."

– ‚das war ich man, ja, das stimmt, irgendwas war faul jewesen' –

„einer schnurrt und gibt wohlige laute von sich, als würde er von einem mädchen träumen, einem dunkelhaarigen, braungebrannten mädchen irgendwo in new orleans."

– ‚ehj, das kann ich gewesen sein' –

„einer spielt nebenan gitarre völlig verquer und singt wie eine eingerostete blechdose."

– ‚ja, alter, der kerl singt wirklich schräg.'

„zweie reden von mädchen, wo du nur „mit den ohren schlackern“ kannst und tauschen ihre erlebnisse aus, die sie mit ihren frauen hatten und dass sie angst davor haben, dass die sich andere kerle suchen in der zeit ...“

„Ej alter, das stimmt, das haben wir gemacht, warum schreibste denn das alles auf?“

„das ist ’n tagebuch, du idiot, da schreibt man sachen rein, die so passieren.“ „jetzt ist‘s gut, gebt mir mein tagebuch wieder. niemand sollte in dem tagebuch eines anderen lesen. niemand sollte anderen daraus vorlesen. leute, was macht ihr hier?“

„Bleib ruhig man. Das ist doch gut, was du da schreibst.“

„jetzt les‘ ich!“ ‚gestern hatte einer einen nervenzusammenbruch, er lief den flur entlang und zog sich seine sachen aus, bis auf die unterhose. er ging hin und her und sagte immer, dass er die sachen jetzt nicht mehr brauche und er wolle nach hause und so weiter. ein feldwebel brüllte ihn zuerst an, dass er aufhören soll mit dem scheiß bis er endlich merkte, als er zitternd und weinend vor ihm stand, dass da irgendwas nicht hinhaute. die sanitäter haben ihn dann fortgeschafft, keiner weiß wohin und es geht weiter wie immer, kein mensch redet darüber. alle versuchen, sich nichts anmerken zu lassen, als ob sie das kalt ließe oder als ob es gut wäre, dass dieser weichling jetzt endlich fort ist und das nichts passierte, als er eine waffe dabei hatte. ich möchte gern einem aufrichtigen menschen begegnen, der seine schwäche zeigen kann ohne schwach zu sein, der seine stärke nutzt ohne hart zu sein, der lebt, was er denkt und fühlt; der etwas sieht, der etwas sagt – der sagt, was er sieht, fühlt und denkt, ohne hintergedanken. einer, der lebt nach dem wesen seiner seele und nicht nach dem wesen seiner umgebung.'

„Das ist ja ganz schön abgehoben, also ich komm nicht ganz mit. Erklär mal, was du meinst."

„ich erkläre gar nichts."

„Na das ist doch nicht so schwer: Er möchte, dass du rumjammerst und rumheulst, weil du weit weg bist von Mutti, weil du keinen Ausgang hast, weil du keinen Urlaub kriegst, weil dir deine Alte weggelaufen ist."

„erzähl' nicht so'n scheiß man. ihr versteht das eben nicht, es ist für mich selbst geschrieben."

„Sei still, das ist interessant. Hier, ich hab was von uns, aus unserm Zimmer: ‚gerade beobachte ich meinen zimmerkumpel. er sitzt am fenster und hat zettel und stift vor sich liegen. er schaut hinaus und sein gesichtsausdruck ist nicht der alltägliche, manchmal grobe oder auch freundlich-berechnende. oft ist er verletzend gegenüber anderen und jede schwäche ausnutzend. doch seine schweren lider über den tiefliegenden augen zeigen eine innere erregung und seine faltige stirn zieht sich zusammen, damit niemand in die täler seiner gefühle einblick nehmen kann. er schaut minutenlang aus dem fenster, ohne sich einmal zu bewegen, so wie es die dichter tun oder die träumer. doch er ist kein dichter und schon lange kein träumer, doch er sieht jetzt so aus und vielleicht ist diesem traktorfahrer eben seine liebe erschienen dort draußen. ‚Du', sagt er zu mir, ‚mir stehen die Tränen in den Augen. Wenn ich so darüber nachdenke. Ich sitze hier und tue so, als sei ich Herkules oder sowas, dabei bin ich ein armes Würstchen, das an seine Feundin denkt, seinen Hof, seine Schweine und Kühe. Für dich ist es ja nicht so schlimm, du hast ja keine Freundin zu Hause, keinen Hof, keine Tiere. Für dich ist es leicht.' bestimmt träumt er nachts von ihr, macht sich sorgen um seine tiere, seinen hof. muss hier die zeit absitzen, viele monate ohne eine sinnvolle tätigkeit und zu hause wartet seine liebste, sein hof, seine tiere."

„Ja, so wars, genau so. das hast du gut beschrieben. Recht hast du. Kann ich das haben?"

„Und hier man, sieh mal, ein Brief von seiner Liebsten."

ich versuche, mich loszureißen und stoße einen bewacher gegen den bettpfosten. daraufhin schnappen mich drei leute und halten mich im griff.

„Musikbox Leute. Steckt ihn in den Spind."

der spind ist nicht sehr groß. sie pressen mich da rein, machen die tür zu.

„So, jetzt sing, mein lieber, sing uns was vor.“

„ich poltere von innen dagegen und versuche die tür aufzubrechen, aber es gelingt nicht. es ist so eng, dass ich meine kraft nicht umsetzen kann.

„ihr seid solche arschlöcher, was soll das? ich habe euch nichts getan.“

„Oh, ein schönes liedchen – ihhhhr seid solche arsch-lö-cher, ihhhhr seid solche arsch-lö-cher, waaas, waaas soll denn das – iiiich hab euch doch nichts ge-taaaa-nnnn ...“

„Ich hab aber was Bess‘res. Den Brief von seiner Liebsten, mal seh‘n was sie schreibt:

‚Lieber Matz,

vielen dank für deinen Brief. Es geht mir gut. Es regnet und das Wasser prasselt auf unser Dachfenster. Eine Stelle ist ja undicht, da tropft das Wasser runter. Ich hab da eine Schüssel druntergestellt und fühle mich so, als bekäme ich viele Tropfen Zeit geschenkt, eine ganze Schüssel voll. Einen Tropfen habe ich für dich eingefangen und den schicke ich dir jetzt …

– man, Alter, die kann schreiben … –

Du hast mir eine schöne Geschichte geschrieben, eine kleine Lebensgeschichte, wie unsere beginnende … Das macht mich froh, weil es scheint, dass Sinn hinter allem steckt, den zu suchen ich manchmal nur meinem Gott überlasse. Wir sind ein Neuanfang und ich habe eine Vorahnung von einer Art Leben, das zu führen wir beide, wenn du zurück bist, vielleicht imstande sind. Viel bedürfen wir ja eigentlich nicht, ein Dach über dem Kopf und Freunde dazu, Kinder und ein Stück innerer Zufriedenheit, und natürlich eine Arbeit, die nicht nur genug Geld einbringt, sondern auch erfüllend ist. Wie können wir das nur schaffen? Ich wünsche dir, dass du die Kraft aufbringst, diese schwere Zeit zu übersteh'n. Ich spüre dich hier, im Regen, im Wind, du wohnst in meiner Gegenwart, meinem Herzen. Die Zeit zieht Kreise in verschiedenen Farben – wir aber schwimmen dieselbe Farbwelle. Seitdem wir uns auf unserer Kreisbahn trafen, weiß ich um andere meiner Farbe, weiß ebenso um harmonische andere Kreise. Wie konnte ich glauben, mein Leben sei schwarzweiß? Ich spüre dich hier, im Regen unter dem Dach, wo die Zeit tropft und ich sie auffange, um sie dir zu schenken. Es ist unsere Zeit. Mitten im Strom einer größeren Zeit. Da halten wir an und bleiben stehen. Zeit – rechts und links, oben und unten, vorbeirauschen lassen … wie ein Riff stehen wir, fest im Strom der Gezeiten und der Stürme an der Oberfläche. Vergeht Zeit anders, wenn es stürmt? Wenn der Sturm tobt und die Wellen schlagen. Vergeht dann, in einhundert Metern Tiefe anders die Zeit? Ich möchte wieder ein Kind sein und gucken, staunen, mit offenem Mund, rechts und links strömt Zeit vorbei, an meinem Körper entlang, spielt, wie du, mit meinen Haaren. Mit dir, mein Geliebter, tropft die Zeit in mein Herz und fließt durch mich hindurch zurück zu dir in diesen Zeilen. Es hat aufgehört zu regnen. Der Kleine meldet sich in meinem Bauch. Er ist wohl so ein Strampler wie du. Ich werde jetzt eine Platte auflegen, damit sich der Kleine gleich an deine Lieblingsmusik gewöhnt. Machs gut und sei tapfer!

I wish you where here

Deine Stine‘

„Ich hab nix verstanden. Was wollte die?“

„Man, sie sehnt sich nach ihm und findet da im Regen seine Stimme, durch das Tropfen und dann geht's ab mit ihr.“

„Man, kann die nich‘ mal schreiben, dass sie ihn lieb hat, so ganz klipp und klar und dass sie mit ihm mal wieder so richtig ...“

„Na, nu is gut. Es reicht. Was ist denn nu mit unserem Dichter hier im Kasten. Ein Lied man, ein Lied.“

sie trommeln auf dem spind herum, bis mir hören und sehen vergehen.

ich sprechsinge:

„du, lass dich nicht verhärten, in dieser harten zeit. die allzu hart sind, brechen, die allzu spitz sind stechen und brechen ab sogleich. du, lass dich nicht verbittern in dieser bittren zeit. die herrschenden erzittern – sitzt du erst hinter gittern – doch nicht vor deinem leid. du, lass dich nicht verbrauchen, gebrauche deine zeit. du kannst nicht untertauchen, du brauchst uns und wir brauchen grad deine heiterkeit. wir wolln es nicht verschweigen in dieser schweigezeit. das grün bricht aus den zweigen, wir wolln das allen zeigen, dann wissen sie bescheid."

ich fing ruhig an und leise, wurde dann immer energischer. ich konnte es nicht fassen, dass die, die doch zusammenhalten sollten, die soldaten, unter sich, sich gegenseitig fertig machten.dass es ihnen freude bereitete, jemanden leiden zu sehen. so, wie sie es an sich erfahren, geben sie es weiter.

„Nich‘ schlecht, nich‘ schlecht, ein gutes Lied. Das passt doch richtig gut. Lassen wir ihn raus, es reicht."

ich krieche raus. sehe jedem in die augen. alle, bis auf den anführer, sehen nach unten. ich gehe zu jedem und lasse mir die seiten meines tagebuches geben. ich verstaue alles in meinem spind. die anderen gehen auf ihre zimmer, soweit sie nicht in meinem wohnen.

den gemeinsten, dieses gegeelte arschloch, rufe ich zurück.

„Ej, du, arschloch, ja du, geelhaar. lass uns runter gehen."

er dreht sich um und grinst. die anderen versuchen, mich zurückzuhalten, weil er doppelt so breit ist wie ich. aber ich will das nicht ungeschehen lassen, er muss spüren, dass ich bereit bin zu kämpfen.

„Lass es, Kleiner, du machst es nur schlimmer."

ich renne auf ihn zu und versetze ihm einen schlag ins gesicht. er ist verblüfft, fasst sich aber schnell. reagiert aber nicht.

„Lass gut sein, es tut mir leid."

„so einfach ist das nicht", brülle ich und versetze ihm eine zweite ohrfeige. er reagiert, hält meine hand fest, dreht sich blitzschnell um und sagt: „Is' gut, hör auf damit. es tut mir leid, war nicht so gemeint, passiert nich' wieder. aber jetzt hör auf."

er lässt mich los. ich ramme ihn gegen die wand. schaue ihm ins gesicht: „du widerst mich an. du bist ein dreckiges stück scheiße."

ich spucke ihm ins gesicht. dann lasse ich ab von ihm. wir haben viele zuschauer mittlerweile. sie applaudieren. nur wem?

mir? ihm? ich gehe auf die bude und schließe die tür und rauche eine karo nach der andern. dann schreibe ich:

„hallo richard,

ich habe zur zeit ein ziemliches tief, deshalb fällt es mir auch ganz schön schwer zu schreiben. ich möchte mich am liebsten zurückziehen, nur ruhe haben, um die ekelhaften gesichter und das benehmen dieser vertreter einer sozialistischen armee nicht mehr sehen zu müssen. was man hier erlebt, ist ungeheuerlich – gruslig. und da man so gut wie nichts machen kann, verzweifelt man daran immer mehr. (…) an einem wochenende hatten wir mal wieder wache. herrlichstes wetter, ruhig (ich habe sehr gelesen). aber nachts kamen dann 'ne menge leute in den knast (ca. 12). grund: alk usw. es war sogar noch lustig, die leute haben gesungen bis früh um zwei uhr (glory glory halleluia) und unser wachoffizier hat getobt. es ist nicht erlaubt, im knast zu singen. am nächsten tag sollten die „knaster" dann zweihundert zentner kohlen umsetzen. und dann der absolute hammer: die zweihundert zentner sollten sie mit den händen wegschaufeln. sie haben sich natürlich geweigert. die antwort darauf war dann, dass zwei posten mit mpi (maschinenpistole) sie dazu bringen sollten. doch die posten haben auch nicht dergleichen getan. es folgten dann noch so einige schweinereien, mir ist regelrecht schlecht geworden vor wut. das ganze gipfelte dann darin, dass ein offizier die pistole zog und in die luft schoss und einen soldaten vor sich her durch den dreck robben ließ. e k e l h a f t! und so etwas wagt sich, sich selbst als vertreter der arbeiterklasse und des sozialismus zu bezeichnen. und nun haben die erniedrigten das an mich weitergereicht. weil ich ja immer lese und für mich bin, ist mir ja nichts passiert. Ich war ja nicht im knast. das haben sie mir vorgeworfen und mich verdächtigt, dass ich sie verpfiffen habe. sie sind in meinen spind eingebrochen, haben meine tagebücher und briefe rausgeholt, mich festgehalten und dann alles vorgelesen. stell dir vor, einen kameraden so zu demütigen. sie haben gelacht, sich über mich lustig gemacht, manchmal aber fanden sie's auch gut. als ich aggressiver wurde, sperrten sie mich in den schrank. dann sollte ich singen – musikbox heißt die übung. ich hab ihnen was von wolf vorgesungen, dann haben sie mich rausgelassen. ich stürzte mich auf den ekelhaftesten kerl, der das alles eingefädelt hat und hab ihn verprügelt. stell dir vor – ich hab ihn verprügelt. es ist schlimm. ich verändere mich. ich werde zum tier hier und alles lesen nützt einen dreck. ich kann diese geschichte einfach nicht verkraften und musste sie einmal jemandem mitteilen. ich glaube auch nicht, dass sich so etwas überhaupt jemand vorstellen kann. armee – die beste schule der nazion - im prinzip flüchte ich mich auch nur in eine eigene welt, indem ich wie ein verrückter lese, bloß, du siehst ja, ständig bietet das auch keine alternative. ich brauche bald mal urlaub, sonst drehe ich hier noch total durch ...

matz"[11] +++

[11] Weite Teile des Briefes sind verfasst von Matz, am 6.4.1978, an seinen Freund Heppe (in Klier / Seite 93)

+++ Tag III

+++ Kapitel 2

„Also, die ‚schule der nazion', haben Sie sich erinnert oder soll ich Ihrem Gedächtnis nachhelfen?"

er kramt in seinen papieren. holt den brief raus. ich bin total erledigt. sie haben alle meine briefe kopiert.

„Ich habe noch mehr davon. Ich habe hier einen schönen „frühlingsanfang", ja so steht es über dem brief. Sie haben sinn für humor, das fällt mir jetzt erst auf, gefällt mir."

er liest:

„frühlingsanfang"

„geschafft, richard,

diese hässliche übung ist vorbei und jetzt liegt nur noch eine zeit relativ harmlosen wartens vor mir. ja, diese übung – sie hat mir einige sachen gebracht, die ich wohl nicht so schnell vergessen kann und darf (vergessen als vorstufe zur zufrieden nörgelnden gleichgültigkeit). ein soldat verschwand am zweiten übungsabend mit voller ausrüstung – mpi usw. zwei tage später durften wir dann suchen – großfahndung – verdacht auf fahnenflucht (republikflucht). so zogen denn mehrere hundert mann durch den wald, in fünf metern abstand. das ganze hinterließ den eindruck einer treibjagd in mir, und nach den zahlreichen äußerungen von vorgesetzten und gleichgestellten war das, was wir da jagten, ‚freiwild geringer menschlicher qualität'. mir läuft es eiskalt den rücken runter, wenn ich daran denke, was für tolle äußerungen die leute sehen und hören ließen. es gab keinen, mit dem ich geredet habe, der sich fragte, wieso und warum einer auf einmal mitten in der nacht türmt (ich weiß auch nicht den wahren grund, da ich den jungen nicht kannte). gefunden hat man ihn dann nach knapp einer woche – an einem baum hängend. Irgendwie ist mir die sache dermaßen unter die haut gefahren, dass ich mich frage, ob ich das ganze nicht irgendwie mal aufschreibe – um es nicht zu vergessen und um es zu verarbeiten.

in der hoffnung auf baldigst kommende bessere zeiten
matz'[12]

„Schöner Brief. Aber doch kein so richtig schöner Frühlingsanfang (lacht). Aber wissen Sie, was das ist?"

[12] Brief von Matz an seinen Freund Heppe, 1978 (in Klier / Seite 96 f)

„traurig ist das. vor allem, dass sie mir hier diesen brief vorlesen."

„Das ist Geheimnisverrat. So etwas darf nicht weitergesagt oder geschrieben werden. Das wissen Sie doch genau. Oder?"

„es kann doch kein geheimnis sein, wenn einer sich das leben nimmt. was soll daran geheimnis sein. er konnte offenbar nicht weiter, konnte nicht darüber reden, wusste nicht, was tun und sah auch keinen menschen, dem er vielleicht hätte was anvertrauen können. es hilft, sich einem anderen anzuvertrauen, wenn man ein tief hat, wenn man in einer krise steckt. mir hat es geholfen, das auszudrücken einem freund gegenüber. wenn das geheimnisverrat ist, dann ist es das. sie aber haben gegen die verfassung verstoßen. es gibt ein briefgeheimnis und das haben sie gebrochen. haben sie noch mehr briefe? ich finde es gut, wenn sie mir was vorlesen."

„Ja, ich habe hier noch einen von ihrem Freund Peter. Auch sehr aufschlussreich:

‚Hallo Matz,

die ersten wochen hier sind wie im KZ: Wir sind irgendwo in Brandenburg gefangen, in einem Gelände mitten im Wald, mit Stacheldraht ringsherum. Da darf niemand raus. Wir sind in langen Zelten untergebracht. Wir, dass sind etwa vierhundert Mann, die den Dienst mit der Waffe verweigert haben. Wir schlafen auf Doppelstockpritschen, eng aneinandergepresst je neun Mann oben und unten. Nachts drehen wir uns im Kollektiv um. Der Drill geht dann am Morgen los, beim Frühsport. Dort mussten wir mit Teilen von Panzerketten, die mit gestrecktem Arm zu halten waren, Kniebeuge machen …

Ich hatte als einziger Glück, dass ich keinen Frühsport machen musste: Ich hatte nämlich dort für einen Offizier, einen Arzt, eine West-Antenne installiert und die an seinen Dienst-Fernseher angeschlossen. Dadurch konnte der nun West-fernsehn und ich habe im Gegenzug einen Schein gekriegt, dass ich keinen großen körperlichen Belastungen ausgesetzt sein darf. Ich hatte ohnehin zu hohen Blutdruck, das hat sein Attest noch untermauert. ‚Spatendienst' – das ist wirklich beinhart. Im Nachbarzelt ist einer verhungert, den haben sie einfach nicht zum Arzt gehen lassen. Der wollte zum Psychologen, aber die Offiziere haben ihn nicht gehen lassen und da hat er das Essen verweigert. Sie haben ihn einfach verhungern lassen.

Die Bösartigkeiten zogen sich über den ganzen Tag. Einmal standen wir an der Essenausgabe: Der Unteroffizier hat sich zuerst Essen geholt, hat sich hingesetzt und gegessen. Und als er fertig war, rief er: ‚Fertig mit Essen'. Da stand aber noch etwa eine Schlange von hundert Mann an der Essenausgabe, die haben dann alle nichts zu essen gekriegt ... weil der Unteroffizier schon fertig war. Das war die blanke Schikane.

Und sie haben uns bisher hausen lassen wie die Schweine, als Rache, weil wir uns geweigert haben, eine Waffe in die Hand zu nehmen. ... Wir konnten uns zum Beispiel vier Wochen lang nicht waschen, weil die Wasserhähne zugefroren waren. ...

Aber genug von mir. Wie geht es dir? Bei dir muss doch alles noch schlimmer sein. Immer mit der Knarre unterwegs. Da ist doch ganz viel Angst bei allen im Spiel, oder? Schreib mal!

Peter‘ [13]

„Also: Bei Ihnen ‚Schule der nazion‘, bei Ihrem Freund das ‚KZ‘. Er vergleicht die sozialistische Armee, die es ihm erlaubt, ohne Waffe zu dienen, als KZ. Ein Lager der Faschisten also, in dem Millionen Menschen ermordet wurden. Finden Sie das passend?“

„er meinte das lager, mit stacheldraht ringsum. die situation und manche vorgänge.“

„Finden Sie das passend? Millionen Menschen umgebracht dort und hier einer, der bei einem Hungerstreik stirbt? Finden Sie das passend?“

„er schreibt einen brief an seinen freund, um seine gefühle, sein befinden darzustellen. das ist doch keine politische ansage.“

[13] Brief von Peter Rösch, 1978 (in Klier / Seite 96 ff)

„Sie finden es passend."

„ich sag' dazu nichts mehr."

„Wissen Sie, wie viele Menschen den Ehrendienst in der NVA genossen haben? Wie lange sie erzählen von dieser Zeit der Kameradschaft? Nur bei Ihnen ist immer alles nur schlecht. Obwohl, wenn Sie Schmuggelware bekommen, verbotene Sachen, dann geht's Ihnen besser. Ich glaube, Ihnen geht es überhaupt immer besser, wenn Sie dagegen sein können. Dann fühlen sie sich wichtig. Hauptsache dagegen und immer alles anders machen als die andern. Hier, hier ist ein gutes Beispiel:

‚liebe Stine,

danke für deinen tollen brief. den tropfen habe ich immer bei mir. hier ist es leider nicht so romantisch.

jetzt sitzen wir mal wieder im feldlager – wie lange der spass dauern soll, weiß keiner so genau. positiv ist hier nur, dass fast jeden abend einer aus dem nächsten dorf etwas zu trinken besorgt. ansonsten kann man hier überhaupt nichts mehr tun. draußen ist es tierisch kalt (wir liegen direkt am oderhaff), also sitzt du im zelt und bist damit beschäftigt, laufend den ofen zu heizen. zu lesen habe ich zwar reichlich mit, aber da wird man auch laufend gestört (lesen wird hier nicht akzeptiert, im gegensatz zum fernsehen – lesen mache dumm und frech).

so, und jetzt in diesem moment ist auch noch mein sonntag nachmittag geplatzt. wir dürfen losfahren und kohlen holen. das einzig positive an der sache ist nur, dass ich diesen kurzen brief selber einstecken kann. wenn du mir die kassetten schicken könntest, dass wäre ganz klasse. du musst sie aber gut im paket tarnen (zigaretten oder gebäck). ich glaube schon, dir wird da etwas einfallen (private musik ist verboten). wenn du vier kassetten hast, bespiele bitte eine mit Doors, Pink Floyd & Yes, Jethro Tull und Janis Joplin (ich schäme mich richtig – scheiß bestellerei). hab nicht viel zeit und bin hier so gut wie nie allein – aber eines schicke ich dir noch mit.

so weich das licht

aus deinem brief in meinen augen,

so weich dein wort,

jetzt zu mir spricht:

es wärmen hände hände immerfort

dein Matz‘

Schmuggelware, verbotene Musik. Und da sollen wir tatenlos zusehn? Wir müssen Sie kontrollieren, da Sie immer etwas gegen die Regeln machen müssen. Was sollen wir tun?“

„die freiheiten der verfassung akzeptieren. dann gäbe es kein problem. dann bräuchten wir hier nicht zu sitzen. sie bräuchten nicht fremde briefe vorzulesen. ich könnte bei meiner freundin sein."

„Bei Ihrer Freundin? Meinen Sie, sie wartet auf Sie? Meinen Sie nicht, dass Sie auch mal die Nase voll hat von einem, der nie da ist. Der hier und dort rumlungert? Frauen möchten, dass der Mann da ist, sich kümmert um sie."

„würde ich gerne machen. aber sie halten mich hier fest."

„Ach ja? Und wenn Sie nicht hier wären, dann wären sie doch in Berlin, bei dieser Party, mit den netten Mädchen, die auch im Zug saßen und sicher hätten sie auch eines davon schon vernascht auf dieser Party ... Ihre Freundin war erstaunt, dass sie mit zwei Frauen nach Berlin fahren und sie weiß nichts davon. Sie macht sich so ihre Gedanken."

„ihr schweine, was habt ihr vor? was habt ihr ihr erzählt?"

„Nur die Wahrheit, nur die Wahrheit. Wir sind dazu da, die Wahrheit zu erzählen. Sie hat auch schon gewisse Bedenken, wenn das Kind dann da ist, ob Sie das schaffen, ob Sie stark genug sind, ob Sie arbeiten gehen um Geld zu verdienen ..."

„was erzählst du da?"

„Sie sagte auch, dass Sie zu schwach seien, um eine Familie zu ernähren."

ich springe wütend auf, werde aber von nummer drei zurückgehalten.

„das ist gelogen, du schwein, dass ist gelogen. niemals hat stine so etwas gesagt."

„Fesseln. Fesseln Sie ihn."

meine hände werden hinter dem rücken, hinter der rückenlehne des stuhls, zusammengebunden.

„Fürs Protokoll: Angriff auf die Vollzugsbeamten. Beleidigung der Vollzugsbeamten." +++

+++ Tag III

+++ Kapitel 3

„Herr Domaschk. Sie träumen gerne. Sie wissen, dass die Armee ein gutes Medikament gegen diese, sagen wir mal Gemütskrankheit ist. Wir hofften, Sie von dieser heilen zu können. Manchmal braucht es eben der Hilfe von außen. Ja und wir wollten auch testen, ob ihre Beziehung gefestigt ist. Denn wenn die Beziehung gefestigt ist, dann ist auch das Leben gefestigt.

Möchten Sie eine Zigarette? Beruhigen Sie sich bitte. Wir haben gar nichts getan. Der Wehrdienst ist Pflicht für alle und eine Probe für jede Beziehung. Als ich meinen Wehrdienst leistete, da verlor ich meine Freundin. Sie war es nicht wert, darüber Tränen zu vergießen. Nun kommen Sie, die Realität erzieht uns alle. Bitte lösen sie die Fessel. Hier, Zigarette, Feuer.

Ihre Beziehung hat gehalten. Glückwunsch. Und so ein paar Zweifel gibt es doch immer. 0der? Und nun werden Sie Vater und es sieht so aus, als ob Sie Ihre Tochter nicht so schnell sehen können. Aber wir können Ihnen da helfen. Ich meine, es wäre doch schrecklich, wenn Sie Ihre Tochter erst zur Jugendweihe sehen können. Wie gesagt, wir können helfen. Alle machen Fehler.“

„so.“

„Wenn Sie uns Auskunft geben, unsere Fragen beantworten und vielleicht auch in Zukunft mit uns kooperieren, dann ...“

„hören sie auf. das ist eine billige nummer. sie wissen, dass ich niemals mit ihnen kooperieren werde.“

„Dann nicht. Sie haben die Wahl. Sie wissen: wer nicht für uns ist, der ist gegen uns. Sie müssen überlegen, was sie wollen.“

„was ich will? leben will ich. mit meiner frau, unserem kind. ich will lernen, studieren. sie haben mich rausgeschmissen aus der schule kurz vor dem abi. ich will das aber unbedingt noch schaffen. ich will eine familie. ich will hier leben können – so wie ich bin hier leben können. ich will zu freunden zum geburtstag fahren können, ohne verhaftet und gefoltert zu werden. ich will mit freunden musik hören, bücher lesen. ich will einfach leben.“

„Aber so einfach ist das nicht. Wenn Sie staatsgefährdende Aktionen durchführen, ja terroristische Aktionen gerichtet gegen Partei und Volk, dann können Sie nicht mit Milde rechnen! Sie

leben von unserem Staat, sie leben wie ein Parasit, sie nehmen nur, sie geben nichts zurück. Sie unterschätzen unsere Möglichkeiten und träumen in der Gegend rum. Meinten Sie, Ihre geheimen Gespräche blieben uns verborgen? Meinten Sie, Ihre Briefe von der Armee hätten wir nicht gelesen? Meinen Sie, dass Ihre Eltern immer diese tollen Möglichkeiten haben? Sie sind zwar volljährig, aber wenn Sie nicht mit uns kooperieren, dann kann es passieren, dass aus einem Abteilungsleiter ein einfacher Arbeiter wird oder einer labilen Bibliothekarin mit einem ruhigen Arbeitsalltag plötzlich die Stelle gestrichen wird. Es könnte auch sein, dass Ihrer Tochter etwas passiert."

das ist zu viel. ich schnelle nach vorn und gehe auf nummer eins los, der sich hinter der blendenden lampe befindet. ich brülle und versuche, meine hinter dem stuhl gefesselten arme zu befreien. der stuhl kracht gegen den schreibtisch, nummer 2 und 3 halten mich, fesseln mich dann mit einem deckenähnlichen stofftuch um die brust und zwingen mich auf den Stuhl zurück.

„lasst meine eltern in ruhe. mutter. vater. lasst meine familie in ruhe. ihr seid keine sozialisten, ihr seid abschaum, einfach nur abschaum ..."

„Fürs Protokoll: schwerer Angriff gegen die Vernehmungsbeamten, Beleidigung. Abführen. Es ist 6.00 Uhr. Pause von 30 Minuten."

In Wirklichkeit war es schon 7.30 Uhr. Die Vernehmung war entglitten. Nummer zwei kommt ins Zimmer:

„Was machst du? Warum provozierst du so übel? Das können wir nicht verwenden. Das Protokoll wird er niemals unterschreiben."

„Du wirst sehen: der unterschreibt alles. Diese Null, dieser Nichtsnutz. Dieser Angsthase. Der hat doch jetzt die Hosen gestrichen voll." +++

+++ Tag III

+++ Kapitel 4

„christos. bist du hier? wo bist du christos?“

„Hier bin ich. Komm iss‘ und trink was.“ Christos gibt mir zu essen und zu trinken.

„Ruh dich aus. Komm, leg dich eine Weile hin, bestimmt kommen Sie gleich wieder.“

„wieder? meinst du? noch einmal? ich hab‘s ihnen gegeben, diesen schweinen, ich hatte ihn am hals. sie sollen meiner familie nichts antun. meiner stine. meiner tochter. meiner mutter. meinem vater.“

„Beruhige dich, Matz. Du musst dich beruhigen, sonst hältst du das nicht durch.“

„christos, lass uns mal zu peter gehen, bitte führe mich zu ihm.“

wir gehen durch das gefängnis. wieder öffnen sich alle türen. peter liegt auf dem bett.

„Matz, was ist passiert? Du siehst ja völlig fertig aus?“

„sie wollen meine familie kaputt machen, sie wollen stine was antun und meine eltern mit reinziehn.“

„Quatsch, Matz, bleib ganz ruhig, sie werden ihnen nichts tun. Glaub denen das nicht, die wollen dich abspalten, die wollen uns alle abspalten, einen Keil in unsere Beziehungen reintreiben und uns auseinandersprengen, dich fertig machen, weil sie sehen, dass du sensibel bist. Komm her, mein Freund, lass dich umarmen man, bleib ruhig, ganz ruhig.“

„meine mutter, sie wollen ihr die arbeit nehmen. mein vater, sie wollen ihm den posten nehmen.“

„Nein, bleib ruhig, das machen sie nicht. Sie wollen dir Angst machen. Erinnerst du dich an Walter? Er sagte, sie wollen dich zersetzen. Genau das ist es.“

„aber warum? was wollen die von mir? was habe ich getan? was haben wir getan?“

„Ich weiß auch nicht. Aber ich bin durch. Vorhin hab ich das Protokoll unterschrieben. Heute geht's nach Hause. Die wollten uns nur nicht nach Berlin lassen, glaub ich.“

„was soll ich tun peter? ich halte das nicht mehr aus. es ist so, wie du gesagt hast, mit dem schweigen und der angst."

„Antworte Ihnen. Was die hier fragen ist nicht der Rede wert. Antworte und dann, wenn wir raus sind, gehen wir zu einem Anwalt und verklagen die, weil sie uns ohne Grund fast drei Tage festgehalten haben."

„aber antworten will ich nicht. na gut, ein bisschen was hab ich schon gesagt. aber alles beantworte ich nicht. die haben mich nicht in der hand. aber meine eltern, meine stine, was wird aus denen?"

„Ruhig, ganz ruhig. Das wird schon. Es ist bald vorbei. Ich bin durch, da bist du auch bald durch und dann geht's nach Hause."

„woran denkst du, peter, was gibt dir kraft?"

„Dass ich bald draußen bin. Vorher war es meine Klarheit. Ich wusste, ich habe nichts getan, also kann auch nichts passieren. Die können mich nicht ewig und drei Tage verhören, weil ich die Waffe verweigert habe. Das ist doch alles Schnee von gestern. Und bei dir? Überleg mal – gab es da was?"

„nein, eigentlich nicht, nur die alten sachen. sie fragen mich aus nach der berlinfahrt und nach alten sachen. dass du schon durch bist … ich halt das nicht mehr lange aus."

„Ruhig, ganz ruhig. Es ist bald vorbei."

„scheiße man, ich muss andauernd an jesus denken. was bedeutet das, christos?"

„Dass du leidest."

„was kann ich tun?"

„Denk an die Predigt auf dem Berg, das wird dir helfen."

„die bergpredigt, ja. ich werds versuchen. sag mir doch mal was aus der bergpredigt, bitte."

er fasste mit seinen händen meine und sprach: „Selig sind, die da hungert und dürstet nach der Gerechtigkeit, denn sie sollen satt werden. Selig sind, die um der Gerechtigkeit willen verfolgt werden, denn das Himmelreich ist ihr. Selig sind, die da Leid tragen, denn sie sollen getröstet werden."

„trost ist gut. ist glaube trost für dich, christos?"

„Ja, auch Trost. Aber weißt du – auch Trost für Gott selbst."

„wie meinst du das?"

„Sieh doch, was sie dir hier antun. Meinst du, dass das in Gottes Werten liegt? Natürlich nicht. Er ist angewiesen auf uns, die wir an ihn glauben. Ohne uns gibt es ihn gar nicht. Er will doch Liebe in die Welt setzen und überall ist Mord und Totschlag, überall fügen sich die Menschen körperlichen oder seelischen Schaden zu. Das ist nicht Gottes Werk. Das ist Menschenwerk. Und du, Matz, du bist Gott so nahe wie kaum ein anderer. Er liebt dich. Weil du ein guter Mensch bist, weil du dich und andere lieben kannst, weil du Gewalt verabscheust, weil du ein guter Freund bist, weil ..."

„... ich so schwach bin?"

„Weil du so schwach bist. Ja, auch deshalb. Weil du das zeigen kannst und weil das eine große Stärke ist."   +++

+++ Tag III

+++ Kapitel 5

schlüssel klirren. die tür wird entriegelt. metall auf metall. ich werde aus meinem traum gerissen und abgeführt. sie verbinden mir die augen. eins, zwei drei vier, fünf, sechs, sieben, acht – es geht nach unten. ein absatz – neun, zehn, elf, zwölf, dreizehn, vierzehn, fünfzehn, sechzehn – es wird kühler und feuchter. ein absatz - siebzehn, achtzehn, neunzehn, zwanzig, einundzwanzig, zweiundzwanzig, dreiundzwanzig, vierundzwanzig – ein absatz. oder? nein, es geht nicht weiter. eine schwere tür wird geöffnet, es riecht muffig, es ist feucht und stickig. ich werde nach vorn gedrängt, mache einen größeren schritt über eine höhere schwelle. dahinter ist wasser, ich stehe im wasser. hinter mir wird die tür geschlossen.

was ist das jetzt? eine wasserzelle? ich sehe nichts. kein licht. kein fenster, keine luke. ist hier irgendwas zum hinsetzen? nichts. ich muss stehen. wie lange werden die mich hier warten lassen? ich hämmere gegen die tür. ich trete dagegen. nichts. wollen die mich hier verrecken lassen? atmen, ich muss atmen, ruhig atmen, sagt christos immer. es kann nicht mehr lange dauern, peter ist schon durch. oder hab ich das geträumt? ich hab das geträumt. was soll ich machen. die lassen mich hier nicht raus. atmen, ruhig atmen. sprechen mit mir selbst und meinen freunden. stine. wo bist du? wie geht es dir? wie geht es unserer kleinen? mir geht es nicht gut. ich bin in einer dunklen zelle, stehe bis zu den waden im wasser. es gibt kein licht, kein fenster, keine verbindung nach draußen. was soll ich tun? hilf mir? kannst du mir helfen? aber sage nichts meinen eltern, falls sie zu dir kommen und fragen. sag, dass es mir gut geht. es wird schon wieder. es wird. und richard, sag ihm, dass ich nichts verraten werde und unseren schwur einhalten. sie sind so schwach, ja, sie sind schwach und müssen deshalb zu solchen methoden greifen. sie foltern mich. das hier ist folter. richard, wie soll ich das nur aushalten? ich weiß ja nicht mal, ob ich hier je wieder rauskomme. die haben mir alles mögliche vorgehalten, ich glaube, das reicht für mindestens fünfzehn jahre knast. ist es das wert? aber leben, ich möchte leben, mit stine, mit unserm kind, mit dir, mit meinen freunden. warum ist das so schwer?

in diesem moment geht die tür auf.

„was macht ihr hier mit mir? das ist folter. ich zeige euch an."

„Kommse. Gehnse. Lassen Sie das Theater."

wir gehen nach oben. ins verhörzimmer. +++

+++ Tag III

+++ Kapitel 6

„Setzen sie sich.“

„was machen sie mit mir? das war folter. eine wasserzelle ohne sitzgelegenheit, ohne licht, ohne fenster. haben Sie gehofft, dass ich da krepiere? ich werde sie dafür anzeigen. das geht nicht gut aus für sie.“

„Was reden Sie da, Domaschk. Es gibt hier keine Wasserzelle. Sie sollten sich die Füße waschen, die haben ja hier den ganzen Raum verpestet.“

„ihr schweine. ihr seid so verruchte schweine.“

„Keiner wird dir glauben. Alles ist nach den Genfer Richtlinien eingerichtet und alles wird nach den internationalen Richtlinien durchgeführt. Keine Rohre in den Zellen, Liegen, Fenster, Lüftung, Toilette, keine Einzelhaft, nur in besonderen Fällen während der Untersuchungen und Befragungen. Wir hatten schon viele Delegationen hier. Aber das tut nichts zur

Sache. Kommen wir zur Befragung zurück. Vielleicht zuvor: Mein Kollege war vorhin etwas voreilig, natürlich wollen wir ihren Liebsten nichts tun, aber ein wenig Entgegenkommen Ihrerseits wäre schon von Vorteil. Uns erreichte auch soeben die Nachricht, dass Ihre Mutter einen Nervenzusammenbruch erlitten hat, als Sie erfuhr, dass Sie sich hier befinden."

„du lügst. du willst mich fertig machen. lüg mich nicht an. ich mach dich fertig. wenn ich hier rauskomme, gehe ich zu deinen kindern und erzähle ihnen, was du hier machst."

„Das hatten wir ja schon, Herr Domaschk. Ich möchte einmal kurz die Situation umreißen: Sie wollten nach Berlin fahren, verschleiern jedoch die genauen Gründe. Für uns wollten Sie die Feierlichkeiten zum 10.Parteitag der SED stören und mit Demonstrationen für Unruhe sorgen. Auch wenn wir das noch nicht beweisen können, so haben sie doch bisher gegen folgende Gesetze verstoßen und müssen mit folgenden Strafen rechnen. Ich will Ihnen das nur mal kurz umreißen, damit Sie wissen, damit Ihnen klar wird, worum es hier eigentlich geht – für Sie und für uns. Verstoß gegen:

§ 100 – landesverräterische Agententätigkeit, Freiheitsstrafe von einem bis zehn Jahre.

§ 106 – staatsfeindliche Hetze, Freiheitsstrafe von einem bis zu zehn Jahren.

§ 214 – Beeinträchtigung staatlicher oder gesellschaftlicher Tätigkeit, Haftstrafe bis zu fünf Jahren.

§ 215 – Rowdytum, Freiheitsstrafe bis zu fünf Jahren.

§ 217 - Zusammenrottung, Freiheitsstrafe von einem bis zu acht Jahren.

§ 219 – Ungesetzliche Verbindungsaufnahme, Freiheitsstrafe bis zu fünf Jahren

§ 220 – Öffentliche Herabwürdigung, Freiheitsstrafe bis zu fünf Jahren

Desweiteren haben Sie im Verlaufe der Befragung wiederholt die Vernehmungsbeamten tätlich angegriffen sowie beleidigt. Laut § 137 und dazugehörig §139 kann auch dies, je nach Schwere, mit einer Freiheitsstrafe von bis zu zwei Jahren bestraft werden. Sie können das ja mal zusammenrechnen. Also wenn Sie meinen Kindern was erzählen wollen – das wird schwierig. Es werden wohl meine Enkel sein. (lacht)"

was erzählt er da. kann das sein? ich bin total weg, weg vom fenster. die haben mich in der hand. in der hand haben sie mich. ich liege auf dem rücken und strample, nein, ich liege auf dem rücken und strample nicht einmal mehr. ich kann das fühlen. wie die bewegungen langsam einfrieren, wie ich langsam einfriere. ich friere.

„wie geht es meiner mutter?“

„Sie wird sich beruhigen. Allerdings, wenn Sie weiterhin so unkooperativ sind, wird es nicht leichter für ihre Mutter.“

mutter. wie geht es dir? es tut mir leid, aber was soll ich machen? mutter. bleibe ruhig, es wird sich alles finden. weißt du noch, wie wir zusammen im kaffee saßen? da hast du mich mal so richtig offen angesehen. mutter. wie geht es dir? du machst dir vorwürfe. weil du mich in die kirche gebracht hast. weißt du noch, wie wir über meinen lieblingstext, die bergpredigt, gesprochen haben? da hast du gelächelt. das fandst du auch gut. du brauchst dir keine vorwürfe machen. diese vorwürfe stammen von anderen, von vater, deinem mann, von deinem übergewissen, vom staat. und doch ist nichts falsch daran. kein vorwurf. wer ohne sünde ist, der werfe den ersten stein … die bergpredigt hält mich. sie hält mich aufrecht. ich sehe jesus, wie er da predigt an diesem berg. wie gerne würde ich mal dahin fahren. dann könnte ich mir das genau vorstellen, wie er da redet und die anderen alle zuhör‘n. seine freunde, seine feinde. ein revolutionärer text. die mächtigen entmachtet. die ohnmächtigen zum leben erweckt, aufgerichtet. revolutionär, der junge. ein echter sozialist. mit dem würde ich gern in einer wohngemeinschaft leben. der würde bestimmt immer sauber machen und abwaschen, ohne dass wir groß drüber reden müssten. der würde brot backen und wein auf den tisch stell‘n und und dann über gott und die welt reden – also seinen vater, diesen tyrannen. aber er würde ihn trotzdem mögen, weil er sich öffnet und schluss macht mit der freund-feind geschichte, mit auge um auge und zahn um zahn … der würde sicher auch gern wandern und trampen und unter freiem himmel schlafen. hatte der eigentlich eine freundin? ich hab mal sowas gehört. wäre ja auch komisch, in dem alter ohne freundin – oder ohne freund? und er würde beim tapezieren helfen, würde seinen kumpels immer helfen, wenn es was zu helfen gibt. ich glaube, der hätte nicht mal eine eigene wohnung, der würde überall mal wohnen und dann weiterziehn. ich mag ihn. und du hast ihn mir vorgestellt, hast ihn kennengelernt, eingeladen zu uns nach hause und ihn mir vorgestellt. wir haben uns gut verstanden und sind jetzt für immer gute freunde. ich glaube nicht alles, aber ihm höre ich gerne zu. egal was passiert, mutter, du hast mich auf den richtigen weg gebracht. liebste mutter, mach dir keine vorwürfe, du hast alles recht gemacht. unrecht begehen andere. du hast alles recht gemacht ...

„Herr Domaschk, es ist nicht so, wie Sie denken. Die Situation kann sich ändern. Sie wollen eine Familie, sie wollen Ihr Abi zu Ende machen, sie wollen studieren – sie wollen, dass es Ihren Eltern gut geht und im Grunde haben Sie doch nichts gegen unseren sozialistischen Staat. Das haben wir erkannt in unserem Gespräch, obwohl Sie es uns nicht einfach gemacht haben.“

Stille im Raum. In diese Stille hinein Geräusche aus anderen Räumen. Brüllen. Dann Schreie einer Frau.

„was ist da los? wer schreit da? das klingt doch wie stine? hej, ist das stine, sag mir, ob das stine ist?“

ich springe auf und eile zur tür. die wird natürlich zugehalten. nach einem kurzen kampf mit dem vernehmer kommt ein wachmann hinzu. sie setzen mich auf den stuhl, der wachmann hält mich mit nach hinten gezogenen armen fest. die schreie sind weiterhin zu hören. schreie, die in weinen enden.

„Herr Domaschk, Sie haben uns leider nicht ausführlich Auskunft gegeben, da mussten wir ihre Freundin ebenso befragen. Warum da so ein Geschrei stattfindet, verstehe ich auch nicht. Nicht dass hier noch das Kind kommt, die Sauerei möchte man ja nicht haben, nicht.“

„stine, warum stine? sie hat doch mit dem ganzen nichts zu tun?“

„Mit welchem ganzen?“

„mit der berlinfahrt, dem geburtstag.“

„Der Charta 77?“

„das ist doch lange her.“

„Schon, ja, aber es wirkt. Sie haben sich getroffen mit einer negativ – feindlichen Gruppierung und das im Ausland – das

ist so ziemlich der größte Verrat, den man begehen kann. Sie sollten da in Ruhe nochmal drüber nachdenken. Wache. Abführ'n."

es ging zurück in die zelle. alles dunkel. die schreie vorbei. alles still. stine, jetzt haben sie stine auch noch geholt. sie haben mich. das ist zu viel. stine darf sich auf keinen fall aufregen. ich habe mich zu früh gefreut. sie sitzen am längeren hebel. sie sind ohne skrupel. was können sie ihr vorwerfen? vielleicht die sache mit wolf. dem unerschrockenen liedermacher ...

wolf hatte seit langem auftrittsverbot. er trat in wohnungen auf, in kirchen, hinterhöfen. plötzlich durfte er in den westen, eine tournee veranstalten. kurz darauf kommt in den nachrichten, dass wolf ausgebürgert sei. die ddr lässt ihn einfach nicht wieder rein. wir waren entsetzt. aufgeregt liefen alle, wie von fremder hand gezogen, in die junge gemeinde.

ein mädchen telefonierte, sie erhielt die durchsage einer protesterklärung einiger schriftsteller der ddr. sie schrieb in steno mit, laut sagend, was sie gesagt bekam:

„Wolf Biermann war und ist ein unbequemer Dichter. Das hat er mit vielen Dichtern unserer Vergangenheit gemein. Unser sozialistischer Staat, eingedenk des Wortes aus Marxens ‚18. Brumaire', demzufolge die proletarische Revolution sich unablässig selbst kritisiere, müsste im Gegensatz zu anachronistischen Gesellschaftsformen eine solche Unbequemlichkeit gelassen nachdenkend ertragen können. Wir identifizieren uns nicht mit jedem Wort und jeder Handlung Wolf Biermanns und distanzieren uns von den Versuchen, die Vorgänge um Wolf Biermann gegen die DDR zu mißbrauchen. Biermann hat selbst nie, auch nicht in Köln, Zweifel darüber gelassen, für welchen der beiden deutschen Staaten er, bei aller Kritik, eintritt. Wir protestieren gegen seine Ausbürgerung und bitten darum, die beschlossene Maßnahme zu überdenken."

stine schrieb das alles dann auf der schreibmaschine und es wurde laut verlesen. ich fand es ziemlich gestelzt, also ich verstand den ersten teil nicht voll und ganz. die intellektuellen hatten wieder mal ausgeholt und geschwafelt. aber sie zeigten haltung und das war, was zählte. wir setzten noch eine ergänzung ran:

„Wir erklären uns mit dem Protest der Berliner Schriftsteller gegen die Ausbürgerung von Wolf Biermann solidarisch."

und dann unterschrieben 58 leute. stell dir das vor. pastor walter kam noch dazu und warnte uns: „Wenn man einen Löwen in die Ecke treibt, dann greift er an", sagte er. ungefähr sowas. wir hörten ihn an, aber was nützte es? sollten wir zusehen, wie einer von uns einfach aus dem land ausgeschlossen wird?

am nächsten tag um sechs begannen die verhaftungen. es war noch gar nichts veröffentlicht. kein protest, keine erklärung, keine unterschrift. wir hatten also einen maulwurf unter uns. aber wer war es? 58 leute hatten unterschrieben.

die stasi brach die türen auf. sie sicherten stapelweise belastungsmaterial. in der jungen gemeinde lag noch das blaupapier im papierkorb … fast alle, die unterzeichnet hatten, wurden verhaftet. das stasi gebäude in jena quoll über. so wurden einige in das polizeigebäude gebracht. ich erinnere mich, dass auf dem flur laute musik lief, damit man die stimmen der anderen festgenommenen nicht hören konnte. irgendwann in der nacht wurde mir der haftbefehl vorgelegt: beihilfe zu einer straftat. irgendwann kam ein bekannter aus der jungen gemeinde zu mir in die zelle. wir saßen am tisch und durften nicht miteinander reden. bewacht wurden wir von einem grimmigen schlägertypen, mit großer narbe im gesicht. dann plötzlich wurde ich entlassen. keine ahnung warum. später wurde der plan klar: ein typ beschuldigte mich vor anderen in der gemeinde, dass er mich gesehen hätte, wie ich im flur des gefängnisses frei und unbewacht herumgestanden hätte. und dann sei ich früher entlassen worden – er beschuldigte mich also, er verdächtigte mich und nur ich wusste, dass das alles ja glatt gelogen war. es war der typ, der in meine zelle kam. er musste also der spitzel gewesen sein. oder? ich verteidigte mich, so gut ich konnte, aber wie überzeugend bist du, wenn du dich rechtfertigst? einem unbegründeten verdacht ausgesetzt wirst, den du nicht widerlegen kannst? die meisten glaubten mir, sie kannten mich ja.

und dann, ein paar wochen später, fuhr ich mit stine mit dem motorrad nach prag. in der tasche ein paar dokumente. die protesterklärung, die notizen und erinnerungsprotokolle zu den verhaftungen von einigen leuten. wir trafen uns dann dort mit der sogenannten „charta 77“, das waren auch leute, die sich für eine demokratisierung des sozialismus‘ einsetzten. die sammelten also vergehen gegen die verfassung, gegen meinungsfreiheit und zensur in allen sozialistischen ländern. es war eine tolle erfahrung. denn in jena denkst du immer, du bist allein auf der welt und irgendsoein außenseiter, der sachen macht, die keinen interessieren. aber dort war es offener, wir bekamen ein warmes gefühl von gemeinsamkeit über die grenzen unseres kleinen landes hinaus. ich bat sie, vorerst von einer veröffentlichung im ausland abzusehen.

sieben leute von denen, die unterschrieben hatten, kehrten nicht zurück. sie wurden abgeschoben in den westen. das war schlimm für uns. manche waren freunde. so weit war es also gekommen. eine unterschrift, in der du dich erklärst für einen, der lieder schreibt und sich einsetzt für einen demokratischen sozialismus, eine unterschrift auf einer protesterklärung reicht aus, dich aus dem land zu schaffen.

sie wissen also auch davon. sie wissen alles. wozu soll ich noch schweigen? wozu stark sein?

für stine? wo bist du stine?

Der Vernehmer saß und schaute gelangweilt.

„wo ist stine? geht es ihr gut? ich möchte sie sehen."

„Das können Sie, noch heute, in ein paar Stunden. Aber erstmal müssen Sie unsere Fragen beantworten. Und zwar schön der Reihe nach."

„wie geht es ihr? und dem Baby?"

„Es geht beiden gut."

es geht beiden gut. ich kann nicht mehr. hilf mir christos, was soll ich tun. tränen steigen mir in die augen, ich kann mich nicht mehr halten ...

Matz erzitterte am ganzen Leib und weinte hemmungslos. Er konnte es nicht aufhalten, was da aus seinem Inneren nach außen drang. Jahre, Monate, Wochen, Tage, Stunden der Verdrängung, der Unterdrückung von Gefühlen der Angst und Ohnmacht. Eigentlich konnte er sich nicht vorstellen, wie diese Menschen – und die Verhörer waren ja auch Menschen – wie diese Menschen mit Menschen wie ihm vorgingen. Er konnte es sich nicht vorstellen, dass sie ihn für einen Verbrecher hielten, für einen Terroristen, der den Staat gefährden will. Er konnte sich nicht vorstellen, dass ein Vernehmer Erfolge brauchte für seine Karriere, für seine Anerkennung, für eine neue Schulterklappe an der Uniform und zweihundert

Mark mehr im Monat. Er konnte sich nicht vorstellen, dass es nicht um ihn ging, sondern um eine Ideologie, ein System, das sich behaupten musste im Kampf der Systeme, in einem Kalten Krieg, der an geheimer Stelle sehr heiß werden konnte und Menschenopfer forderte. Er konnte es sich nicht vorstellen, dass er ein Feind war, der bekämpft und vernichtet werden musste. Niemals hatte er irgendjemandem etwas angetan, seine Hände hatten niemals jemandem etwas angetan. Seine Gedanken hatten niemals jemandem etwas angetan. Seine Worte hatten niemals jemandem etwas angetan. Er konnte es sich nicht vorstellen, welch zerstörerische Kraft sie einsetzten, um ihn zum Schweigen, um ihn zum Sprechen, um ihn zum Gehorchen zu bringen. Er konnte sich nicht vorstellen, wie tief das Wasser unter ihm war, nicht vorstellen, dass da eine Welt existierte, die zwar geflutet, aber noch intakt war. Geflutet und unsichtbar unter einer Oberfläche, auf die es regnete, auf die die Sonne schien, die der Wind bewegte in kleinen Wellen. Eine Welt, die alles nach unten zog, was ans Ufer strebte, was sich selbst bewegte, schwamm und vorwärts drang. Oben, um ihn herum die anderen Menschen, mit Schwimmringen und sich klammernd an Treibholz. Er konnte sich nicht vorstellen, dass man nicht schwimmen lernen wollte, um alleine vorwärts zu kommen. Er sah Stine, die lernte – sie nahmen ihr den Ring und sie strampelte und fuchtelte und es war eine Frage der Zeit, wann sie unterging zusammen mit dem kleinen Menschlein in ihrem Bauch; er sah seine Mutter, wie sie ihr das Treibholz nahmen, an das sie sich klammerte; er sah seinen Vater, wie sie ihn vom geborgten Floß stürzten; er sah Richard, wie sie ihm die Füße knebelten und er sich mit schnellen Armbewegungen über Wasser hielt – wie lange noch? er sah sich selbst, mit am Körper festgebundenen Armen langsam nach unten sinken … Neben ihm Menschen mit Messern, lächelnd, atmend, als wäre kein Wasser da, wie Fische waren sie und doch Menschen. Sie nickten ihm zu, zeigten die Messer und bedeuteten ihm, dass sie den Strick, der um seinen Körper und seine Arme gebunden war, durchschneiden konnten. Sie zeigten nach oben, an die Wasseroberfläche, wo Stine strampelte und fuchtelte, wo seine Mutter vom Holz abglitt, wo sein Vater vom Floß fiel, wo Richard mit den Armen schwamm und seine Bewegungen langsamer wurden und er immer mehr nach unten glitt … Sie zeigten freundlich und lächelnd auf die Messer und auf seinen Strick. Bis er mit dem Kopf nickte und einwilligte, kurz, bevor er das Bewusstsein verlor, kurz, bevor er ertrank. Kurz, bevor Stine, bevor seine Mutter, sein Vater, bevor Richard ertrank, schnitten sie ihn frei und halfen den anderen, nicht zu ertrinken.

Er weinte. Tränen liefen ihm übers Gesicht. Es überkam ihn und er konnte diese Gefühle nicht stoppen. +++

+++ Tag III

+++ Kapitel 7

„Beruhigen Sie sich, Herr Domaschk. Beruhigen Sie sich. Machen Sie es nicht schlimmer, als es ist."

Matz beruhigte sich langsam. Das Schluchzen ließ nach und sein Körper bebte nicht mehr unkontrollierbar. Aber es hatte sich etwas verändert. Er wusste nicht, was, aber es hatte sich etwas verändert. Er sah durch den Vernehmer hindurch. Er sah durch die Tür hindurch, durch die Mauern, die diesen Raum begrenzten. Es war, als ob er gar nicht mehr da war. Nur eine Hülle saß da noch und er schaute sie an, diese Hülle und konnte nichts tun.

„Also, nochmal von vorn: Wo sollte die Geburtstagsfeier stattfinden?"

„in der augustraße 3."

„Wer sollte noch anwesend sein?"

„peter, andere namen weiß ich nicht“.

„Wo wollten Sie in Berlin übernachten?“

„ich habe bekannte und freunde in berlin. einmal torsten r., wohnt am prenzlauer berg, dann ralf b. und ulrike a., alle am prenzlauer berg.“

„Zu welchen Personen in der BRD und in Berlin-West unterhalten Sie Beziehungen?“

„letztes jahr fand ein treffen in zetwagie in polen statt. ehemalige ausgereiste jenenser trafen ihre alten freunde.

dabei waren aus westberlin katrin g., roman m. und axel w. alles ehemalige jenenser, wo sie wohnen weiß ich nicht.

„Wer war aus Jena dabei?“

peter rösch und ich und stine und richard. kennen sie ja alle. Kai t., angehöriger der jungen gemeinde stadtmitte,

thomas p., ehemaliges mitglied jg stadtmitte, spitzname krümel,

manfred s., genannt manne, tim h., klaus r., antje v., tino w. – alle jg stadtmitte.

„Schildern Sie den Ablauf des Treffens.“

insgesamt zelteten wir vierzehn tage. es wurde viel über probleme in der jungen gemeinde gesprochen. wie das jetzt läuft, da roman im westen ist und klaus das macht. axel leitete die gespräche. auch erzählte er von seiner arbeit in westberlin. er macht dort jugendarbeit. er sprach jetzt ziemlich krass von der ddr, sie sei ein polizeistaat, der unbedingt abgeschafft werden müsse und er sagte auch, dass wir in der jungen gemeinde da gar nichts gegen machen könnten mit unserem friedlichen protest. dagegen haben wir andiskutiert und das fanden wir auch reichlich komisch, dass er jetzt so redete, seitdem er im westen war.

„Er hat also zu Gewalt gegen die Regierung der DDR aufgerufen?“

„nein, nicht direkt.“

„Wer finanzierte das Treffen und wie ist es abgelaufen?

an- und abreise und essen haben alle selbst bezahlt. roman bezahlte den zeltplatz mit 200,- dm. er hat uns für die arbeit in der jungen gemeinde auch ein wenig geld mitgegeben. auch schickt er uns manchmal sachen für die jg.

„Was für Sachen?“

„spiele zum beispiel."

„Schildern Sie Ihre Kenntnisse zu den Ihnen bekannten Mitgliedern der Jungen Gemeinde."

nach dem weggang von roman veränderte sich was, da auch ein großteil der alten mitglieder in den westen gegangen ist. es gab dann einen aufschwung, besonders durch pastor schilling, der immer was zu sagen hat. klaus hat auch ‚ne gute arbeit gemacht, spannende projekte und es kamen wieder mehr leute. wichtig im team sind peter, klaus und gabi. alle besitzen eine kritische haltung und sind der meinung, dass der staat die kirchliche arbeit einschränkt. naja, und so einzelne sachen werden halt abgelehnt: wehrdienst mit der waffe, dass die verfassung missachtet wird, der umgang mit kritischen leuten durch polizei und stasi, die ungerechten strafprozesse. ich glaube ja nicht wirklich an gott, gehe aber in die jg. dort können wir halt reden, ohne gleich verurteilt zu werden. wir lesen und besprechen bibeltexte, es wird musik gemacht, es finden ausstellungen statt, fotos und malerei. und die themenabende, wie zum thema wehrdienst.

„Den ihr Freund Peter und ihre Freundin Stine gemacht haben?"

„ja, blase und stine. sie wollten aufklären und allen einen einblick geben in ihre gedanken zum thema."

„Wie alt sind die Leute, die da kommen?"

„so 18, 19 jahre alt. manche auch jünger, manche älter."

„Sind diese Treffen im Sinne des sozialistischen Staates?"

„weiß nicht. müssen sie beurteilen. ich weiß, dass wir da gebrauch machen von unserem recht auf freie meinungsäußerung. dass da auch mal ein kritisches wort fällt, ist doch klar. und es gibt für alle gedankenanstöße."

„Haben Sie Kenntnisse zu weiteren Treffen?"

„in der cssr trafen sich einige leute. da weiß ich aber nichts genaues."

„Welche Verbindungen unterhält „Blase" innerhalb der DDR?"

„peter hat viele freunde und bekannte. ich kenne die meisten nicht, weiß aber, dass er in berlin, saalfeld, rudolstadt, weimar und zeitz unterwegs ist. vor zwei wochen erzählte er mir, dass in halle einige leute verhaftet wurden und dass er angst habe, nun auch dran zu sein. recht hatte er."

„Womit befassten Sie sich in den Jahren 1976 und 1977?"

„das sind doch alte kamellen. da war die biermann-geschichte und die sache mit der charta 77. das wissen sie doch alles. ich war da, hab denen gesagt, was in jena so vorgefallen ist, die haben sich das angehört und notiert. keine große sache. ich hab das alleine gemacht.

„Sagen Sie nochmals wahrheitsgemäß aus, welchem Zweck Ihre beabsichtigte Berlin - Reise am 10.4. diente."

„ich hab ihnen dazu alles gesagt."

„Inwieweit haben Sie strafbare Handlungen begangen oder haben von solchen Kenntnis?"

„ich habe keine strafbaren handlungen begangen. sie werden mir was anderes sagen, aber nach der verfassung der ddr habe ich nichts strafbares begangen.

„Herr Domaschk. Wir danken Ihnen für Ihre Offenheit und wissen diese zu schätzen. Hier, Zigaretten, Kaffee und Stullen. Es ist jetzt fast schon Mittag. Eine kleine Pause sollten wir uns gönnen. Wir gehen kurz Ihre Aussagen durch." +++

+++ Tag III

+++ Kapitel 8

Nummer eins betritt den Raum.

„Hier ist das Protokoll. Bitte lesen Sie es und unterzeichnen sie."

Matz liest sich alles in Ruhe durch.

„aber einiges habe ich nicht gesagt bzw. nicht so gesagt."

„Sie haben das alles so gesagt, Herr Domaschk, wir können gern die Aufzeichnungen anhören, wenn Sie das wünschen. Vielleicht ist mal die eine oder andere Aussage konkretisiert worden, aber nur in Anlehnung an das, was sie gesagt haben."

„kann ich nach hause, wenn ich unterschrieben habe? (nicken) geben sie mir einen stift."

Matz unterschreibt. Die Tür geht auf. Der Staatsanwalt betritt den Raum.

„Herr Domaschk, laut ihrer getätigten Aussagen müssen wir feststellen, dass sie in folgender Weise gegen die Gesetze der DDR verstoßen haben:

§ 100 – landesverräterische Agententätigkeit, Freiheitsstrafe von einem bis zehn Jahren – das betrifft ihre „Reise" in die CSSR und die Kontaktaufnahme mit einer staatsfeindlichen Gruppierung, der Charta 77;

§ 106 – staatsfeindliche Hetze, Freiheitsstrafe von einem bis zu zehn Jahren – das betrifft ihr Verhalten in der Schule gegenüber dem Genossen Veteran und ihren Mitschülern und Lehrern, betrifft ihre Briefe von der Armee, ihre Tätigkeit als Hauptakteur der Biermann – Protestaktion;

§ 214 – Beeinträchtigung staatlicher oder gesellschaftlicher Tätigkeit, Haftstrafe bis zu fünf Jahren – das betrifft ebenfalls ihr Verhalten bei der Armee, ihr Verhalten bei der Biermann – Ausbürgerung, ihr Verhalten in der Schule;

§ 215 – Rowdytum, Freiheitsstrafe bis zu fünf Jahren – das betrifft die Beteiligung an der mutwilligen Zerstörung einer Scheibe des Ärztehauses der Sportschule;

§ 217 - Zusammenrottung, Freiheitsstrafe von einem bis zu acht Jahren – das betrifft ihre Teilnahme an der nicht genehmigten Demonstration zum Jahrestag der Bombardierung;

§ 219 – Ungesetzliche Verbindungsaufnahme, Freiheitsstrafe bis zu fünf Jahren – das betrifft ihre Kontakte in die BRD, die dazu dienten, politische Untergrundarbeit gegen den Staat zu organisieren und durchzuführen;

§ 220 – Öffentliche Herabwürdigung, Freiheitsstrafe bis zu fünf Jahren – das betrifft ihre Aktion am erstem Mai, als sie die Demonstration und die Feierlichkeit zum Gegenstand eines zynischen Hohn und Spotts werden ließen;

Desweiteren haben Sie im Verlaufe der Befragung wiederholt die Vernehmungsbeamten tätlich angegriffen sowie beleidigt. Laut § 137 und dazugehörig §139 kann auch dies, je nach Schwere, mit einer Freiheitsstrafe bis zu zwei Jahren bestraft werden.

Insgesamt, je nach Schwere der Taten, die noch genauer geprüft werden muss, können Sie mit 10 bis 15 Jahren Haft rechnen. Damit Sie Bescheid wissen und erkennen, was Sie so treiben in unserem Staat, der Ihnen alle Möglichkeiten einer positiven Entwicklung geboten hat.“

Es war jetzt sehr still im Raum. Alle wussten, dass jetzt etwas anders war. Matz wurde so nach und nach klar, was er da eben gehört hatte. Dass es um ihn ging. Dass sie jetzt ernst machten.

„aber, ich denke, ich kann jetzt gehen? ihr habt mich verarscht, schon wieder verarscht. ich will nicht ins gefängnis. ich will hier raus. ich will leben. ich will meine freundin sehen, meine freunde, meine eltern, meine familie, meine tochter. ich will studieren. ich habe nichts getan.“

„Offensichtlich schon, Sie haben den Staatsanwalt gehört.“

Schweigen. Langes Schweigen. Matz sieht jetzt allen in die Augen. Langsam. So, wie kleine Kinder einen anschauen, wenn sie auf dem Arm der Mutter einem neuen, unbekannten Gesicht begegnen. Er mustert sie.

Dann sieht er ins Nichts. Sein Blick scheint leer. Wie erloschen, als ob nur noch in weiter Ferne eine Kraft am Wirken ist. Die gehört aber nicht mehr zu ihm.

„Herr Domaschk“, beginnt Nummer eins, „Sie haben, sagen wir, Fehler gemacht. Aber wir alle machen Fehler. Und Sie waren einsichtig. Sie haben uns, sagen wir, nach anfänglichem Zögern, aus freien Stücken geantwortet. Sie waren, sagen wir, einsichtig. Wenn Sie sich nun entschließen könnten, einen neuen Weg einzuschlagen, dann könnten wir Ihnen helfen und den Staatsanwalt bitten, von einer Klage abzusehen.“

Matz schaute ihn an. Mit diesem Blick, der leer war und doch das Überleben abzusichern schien. Er war kraftlos. Nach Stunden Befragung, nach Schlafentzug, Essenentzug, nur von Kaffee und Zigaretten am Wachsein gehalten.

„Wenn Sie uns versichern, nicht mehr nach Berlin zu reisen für die Dauer des zehnten Parteitags und wenn Sie sich entschließen könnten, uns in den kommenden, ja sagen wir, Wochen, Monaten, vielleicht Jahren Informationen zukommen zu lassen, ja dann könnten wir uns vorstellen, dass Sie, als neuer Mensch sozusagen, das Abitur erhalten und studieren können und nicht wegen dieser kleinen Fehler im Gefängnis landen."

Matz schaute ihn wieder an.

„Hier sind die Texte, Sie brauchen sie nur abzuschreiben, mit Ihrer Unterschrift zu versehen und dann fahren wir Sie nach Hause."

Matz schaute alle Anwesenden lange an. Er sah durch sie hindurch.

was soll ich tun? richard? wo bist du? sag doch was. peter? wo bist du? sag doch was. stine? wo bist du? sag doch was. meine kleine tochter? wo bist du? Sag doch was. mein kleiner sohn? wo bist du? sag doch was. mutter? wo bist du? sag doch was. vater? wo bist du? ich spüre dich nicht? sag doch was. christos? wo bist du? du warst doch immer hier, bei mir, sag doch was.

Es bleibt still.

vater und mutter – was sagt ihr? ich soll, ja, ich soll es tun. damit alles wieder gut wird, damit wir zusammen sind, ja. meine freunde – was sagt ihr? ich soll keine angst haben, sie machen nur angst … ich soll nicht, nein, alles ist nur bluff? seid ihr euch sicher? meine freundin, meine geliebte stine – was sagst du? du möchtest mich umarmen … du möchtest mich dahaben, bei dir, bei unserem kind … mein töchterchen, was sagst du? ihr wollt mich dahaben, bei euch, ja. und christos, was sagst du? ich soll mir treu bleiben, auf meine innere stimme hören, ich soll ich selbst bleiben … ich selbst. aber wer ist das? wer bin ich? für euch bin ich doch immer etwas anderes. oder? wer bin ich? wenn nicht sohn, vater, freund, geliebter … meine innere stimme, was sagst du? sprich? ich höre nichts. ich weiß, du bist da. warum bleibst du stumm?‘

„Herr Domaschk, was ist los? Haben Sie vielleicht eine Frage?“

ob ich eine frage habe? ich habe tausend fragen und bekomme doch keine antwort.

Matz schaut den Vernehmer lange an.

„warum machen Sie das? ich habe nichts getan. warum? warum quälen Sie mich? warum? warum täuschen Sie mich? warum?“

Unruhig und etwas verlegen schaut der Vernehmer hin und her.

„Ich tue meine Pflicht.“

Matz stand auf, ging zum Schreibtisch, nahm langsam den Kugelschreiber und schrieb. Der Vernehmer diktierte:

„Und bitte, Herr Domaschk, schreiben Sie ordentlich, nicht alles klein. Halten Sie sich einmal an die Regeln.“

„Durch das Untersuchungsorgan des Ministeriums für Staatssicherheit wurde mir am heutigen Tage die Auflage erteilt, während des X. Parteitages der SED nicht in die Hauptstadt der DDR zu reisen. Diese Auflage werde ich einhalten. Des weiteren versichere ich keine strafbaren Handlungen gemäß Paragraph 100, 106, 214, 220, 219 zu begehen. Die Paragraphen wurden mir inhaltlich zur Kenntnis gegeben. Über den Gegenstand der heutigen Befragung werde ich gegenüber anderen schweigen.“

Matthias Domaschk

Gera, den 12.4.1981

„Na, das hätten wir auch schon vor einigen Stunden haben können. Nun zum Zweiten, Herr Domaschk. Ihre Erklärung zur Mitarbeit. Sind sie bereit?“

bin ich bereit? bin ich bereit, alles aufzugeben, woran ich glaube? bin ich bereit, mich selbst aufzugeben? ich bin nicht bereit

... nur für stine bereit, für richard, für mutter und vater bereit. ich bin nicht bereit ...

Matz zitterte. Er war ausgelöscht. Er hatte keine Kraft mehr, dem zu widerstehen. Er wusste aber auch, dass das hier möglich war ohne Schaden zu nehmen. Wenn er rauskommt, macht er einfach alles öffentlich und ist als Spitzel gestorben. Dekonspiriert. Aber dennoch. Diese Argumente erleichterten ihm nichts.

„Sind Sie bereit?“

Sein Kopf erhob sich. Seine Augen blickten dem Vernehmer direkt in die Augen. Der ließ einen Stift, ein Blatt Papier und einen Text vor ihn auf den Tisch legen.

Matz‘ Arme bewegten sich. Die rechte Hand nahm den Stift, einen Füller. Die linke Hand hielt das Blatt. Seine Augen sahen den vorgeschriebenen Text. Seine rechte Hand schrieb:

Verpflichtung[14]

Hiermit verpflichte ich mich, das MfS im Kampf gegen die Feinde der DDR aktiv und ohne jeden Vorbehalt zu unterstützen. Ich werde die mir in der inoffiziellen Zusammenarbeit mit

[14] Diese Verpflichtungserklärung findet sich handschriftlich in der Stasi-Akte. Die Handschrift kann echt, aber auch gefälscht sein.

dem MfS bekannt gewordenen Fakten, Tatsachen und Hintergründe gegenüber jeder dritten Person strengstens geheimhalten. Ich wurde darüber belehrt, daß eine Verletzung dieser Verpflichtung mit strafrechtlichen Mitteln geahndet werden kann. Für die konspirative Zusammenarbeit mit dem MfS wähle ich mir den Decknamen ‚Peter Paul'

Gera, den 12.4.1981

Matthias Domaschk

„Na sehen Sie, Herr Domaschk, das war doch gar nicht so schwer. Wir werden jetzt dem Staatsanwalt Bescheid geben, dass er seine Anklage fallen lässt. Sie sind ja jetzt auf dem Weg der Besserung. Sie wissen jetzt, wo sie hingehören. Aber genug geredet. Die Familien warten. Unser aller Familien warten ...

Jetzt besorgen wir Ihnen ein Fahrzeug, das Sie nach Jena bringen wird. Bis dahin können Sie im Besucherraum warten. Sie müssen nicht zurück in die Zelle. Sie haben ja nichts Böses getan, es gibt keinen Grund, Sie dahin zurückzuführen. Bitte bringen Sie Herrn Domaschk hinunter. Bringen Sie ihm was zu essen und zu trinken."

Er wird herausgeführt.

„Hier Ihre Sachen, Herr Domaschk: eine Jeans, ein Hemd, ein T-Shirt, eine Unterhose, Socken, Jesuslatschen, eine brau-

ne Cordjacke, eine Windjacke, ein Buch „Der falsche Nero", ein Handtuch, ein Taschentuch, Zahnbürste und Zahnpasta, Seife, ein paar graue Wollsocken, zwei Lederketten, zwei Schlüssel, ein Stoffbeutel, eine Schachtel Karo und Streichhölzer, ein Kugelschreiber, Kontoauszüge, eine Monatskarte der Verkehrsbetriebe Jena, eine Mitgliedskarte vom Uni Filmclub, eine Geldbörse mit einhundertzweimarksechsundachtzig, ein Betriebsausweis, ein Schlüsselring mit zwei Schlüsseln, eine Papierrolle. Alles da? Dann bitte hier unterschreiben." +++

+++ Tag III

+++ Kapitel 9

Matz nahm seine Sachen entgegen und wurde in den Besucherraum gebracht. Die Vernehmer trafen sich in ihrem Besprechungsraum.

Oberst Weigelt: „Glückwunsch Genossen, ihr habt ihn gestreckt. War ja ein hartes Stück Arbeit. In nur einer Nacht aus einer Operativen Personenkontrolle, einem führenden Mitglied der jenaer Jungen Gemeinde einen Informellen Mitarbeiter gemacht. Hut ab und weiter so. Genosse Leutnant Peißker, ich befördere dich hiermit zum Oberleutnant. Du bist jung, du musst noch viel lernen – (zu den anderen) noch ein bisschen weich, der Genosse (lachen) – aber das wird, das wird.“
Oberleutnant Peißker: „Zu Befehl Genosse Oberst. Ich diene der Deutschen Demokratischen Republik.“
Oberst Weigelt: “Hauptmann Köhler, du machst jetzt weiter. Du kennst die Jenaer Szene. Du gehst nachher zu ihm, gibst den Auftrag, klärst alles ab. Achte darauf, dass du ihm nicht was aufdrückst, was er nicht erfüllen kann. Noch nicht. Du kennst die Richtlinie.“

Hauptmann Köhler: „Zu Befehl Genosse Oberst. Darf ich sprechen?

Oberst Weigelt: „Bitte.“

Hauptmann Köhler: „Er kann doch nichts machen. Der weiß doch, dass er für Jahre in den Bau geht, wenn er nicht mitspielt.“

Oberst Weigelt: „Gut, du wirst das schon machen. Sei aber vorsichtig, du kennst ihn. Und wenn du da rauskommst und alles klar ist, dann Gratulation. Und wenn im Sommer Informationen da sind, verwertbare Informationen, dann sprechen wir mal über den ‚Major‘, Genosse Hauptmann.“

Hauptmann Köhler: „Jawoll, Genosse Oberst.“

Oberst Weigelt: „Also am Wochenende zur Jagd. Ganze Abteilung. Hohenwarte Talsperre. Da wartet ein kapitaler Hirsch!“

(alle)

„Zu Befehl Genosse Oberst.“

Matz ist im Besucherzimmer. Er weiß nicht recht, wohin mit sich. Er sieht in den Spiegel. Er sieht sein Gesicht dort gegenüber. Ist er das? Bin ich das? Es scheint ein anderer Mensch zu sein. Er erkennt sich nicht. Obwohl: die langen Haare, die

Augen, die Nase, der Mund – alles wie zuvor und doch: Sind das noch die gleichen Haare? Die gleichen Augen? Das gleiche Gesicht? Die gleiche Nase? Die gleichen Ohren? Der gleiche Mund? Der gleiche Hals? Die gleiche Brust? Der gleiche Bauch? Der gleiche Rücken? Die gleichen Arme? Die gleichen Hände? Die gleichen Beine? Die gleichen Füße?

Der Körper, der Wärme gegeben und der Wärme empfangen hat, der die Wärme von Stines Körper gespürt hat, der ein Kind gezeugt hat; die Haare, die bis zu den Schultern herabhängen und sagen: Ich bin frei! Die Augen, die friedlichen, die in andere Augen ohne Schleier sehen; das Gesicht, voller Sommersprossen, das gutmütige und entspannte Gesicht mit den Grübchen in den Wangen; die Gnubbelstupsnase, die Stine spürt, wenn sein Geist noch gar nicht angekommen ist; die Ohren, hinter denen so oft die Haare stecken, die hören, wie jemand etwas sagt und ob das stimmig ist mit dem, wovon gesprochen wird; der Mund mit den Lippen, oft zusammengepresst, nur offen, wenn da wirklich was zu sagen ist oder Vertrauen im Raum zwischen den Menschen; der Mund, der sagt, was er sieht und fühlt; der Hals, den Stine so gern mit ihren Händen hält, der Lederketten trägt und manchmal ein Tuch – eine selbstgefärbte Babywindel; die Brust mit der Stelle, oben, wo die Schlüsselbeine sich treffen und meist der Stein seiner Kette liegt – Stine streicht gerne leicht mit zwei Fingern darüber hinweg und wird ganz ruhig dabei und auch er; der Bauch, leicht gewölbt, aber nur leicht, ganz fein und weich, der schmerzt, wenn sein Leben und seine Seele sich nicht begegnen; der Rücken, der gerade sein sollte und doch manchmal nach unten rutscht, als sei die Last des Lebens zu schwer; die Arme, die ihn über Wasser halten in der Saale, wenn er über die Ruinen schwimmt; die Arme, die Stine über die Schwelle getragen haben; die Hände, die Stines Hände halten, die ihren Körper streicheln, ihr Gesicht, ihren Hals, ihre Brüste, ihren Bauch, ihre Scham, ihre Beine ... die Briefe schreiben, die Bücher halten, die Gedichte schreiben, die eine Waffe trugen, die Zigaretten halten, Kaffee und Bier … die Beine und Füße, die ihn wandern lassen über Felder und Wiesen, die ihn wandern lassen in den Wäldern Thüringens und anderswo, die Jesuslatschen tragen und Stiefel der Armee ...

Ist das noch der gleiche Mensch? Sehen diese Augen jetzt nicht anders aus? Ist der Blick nicht verändert? Der Mund geschlossen?

Diese Augen müssen ja jetzt anders sehen: offen und geheim; diese Ohren müssen doch jetzt anders hören: offen und geheim. Dieser Mund muss jetzt anders reden: offen und geheim. Diese Hände müssen doch jetzt anders greifen: offen und geheim. Diese Füße müssen doch jetzt anders gehen: offen und geheim.

„bin ich noch ich? wie viele davon gibt es? ich muss anders aussehen, wenn ich anders in die welt schaue. aber das bin doch immer noch ich in diesem spiegel. keiner wird es merken, dass ich doppelt sehe, höre, spreche …

und meine freunde? werden sie's erkennen? ich kann doch niemandem etwas vormachen. sie werden das merken. was mach ich bloß? was soll nur werden? wird die sonne wieder scheinen? werde ich wieder mitten im regen stehn und den tropfensegen spüren können? werde ich mich wieder in das rauschen einspinnen können und versuchen, gut zu sein? werde ich wieder im wind stehen und ihn in mich hineinlassen können? werde ich den sturm in mich hinein lassen können und versuchen, gut zu sein?"

Er sah sich um. Ein Besucherzimmer. Die Tür doppelt, schallgedämmt, eine Schrankwand, ein Bild von Erich Honecker, ein Tisch, drei Stühle, ein Fenster, davor Gardinen und Vorhänge, rechts daneben eine Gittertür. Oben, an der rechten Wand, Heizungsrohre. Er verteilte seine Sachen auf Tisch und Stühlen. Eine tiefe Erschöpfung wohnte in ihm. Er fühlte jetzt nichts mehr. Er konnte nichts mehr fühlen. Oder doch? Ekel vielleicht, ja, Ekel.

Er zog sich um und setzte sich. Wann sollte das Auto kommen, das ihn nach Hause zurückbringt? Nach Hause?

Die Tür wird geöffnet. Hauptmann Köhler tritt ein, setzt sich.

„Herr Domaschk, wir arbeiten also jetzt zusammen und müssen einen klaren Plan machen. Wenn die Zusammenarbeit gut funktioniert, bleiben Sie unbehelligt vom Staatsanwalt, wer-

den in Ruhe Vater und können in einem Jahr beginnen, Ihr Abitur nachzumachen. Schneller geht es nicht, sonst fällt was auf. Ihre langen Haare können Sie behalten. Sie werden jetzt gleich nach Hause gefahren. Sie erzählen, wenn es jemand wissen möchte, was wir Sie gefragt haben, was Sie gesagt haben etc. Aber nur zu der Berliner Sache. Das andere lassen Sie weg. Sie können auch übertreiben, wie Sie drangsaliert wurden und wie schrecklich wir sind. Alles gut so, das gibt Glaubwürdigkeit. Sie werden mit Peter zusammen gefahren.

Nun müssen wir Ihren Auftrag besprechen. Ihr Auftrag wird sein: Sie berichten von der Jungen Gemeinde, von Mitgliedern, Aktivitäten, Planungen. Es wäre natürlich schön, wenn Sie uns auch von Peter und Roland und, ja, von Ihrer Freundin berichten könnten. Aber das wollen wir Ihnen nicht zumuten, dass wäre am Anfang zu viel verlangt.

Wir treffen uns einmal im Monat, am besten immer den ersten Montag, 17.00 Uhr, Nordfriedhof. Ich werde da sein und Sie kontaktieren. Falls jemand kommt, gehen Sie zum Grab Ihrer Schwester und ich habe Sie nach dem Weg gefragt. Alles klar?"

Eine Weile ist es still. Dann schaut Matz auf.

„wie geht es eigentlich meiner mutter? und stine?"

„Warum?"

„sie sagten doch, dass stine wehen bekommen und meine mutter einen nervenzusammenbruch erlitten habe.“

(grinst) „Herr Domaschk, Sie müssen noch viel lernen. Das waren natürlich ermittlungstaktische Informationen, um Sie aufzuregen, um Ihr Empfinden in Gang zu setzen. Man kann jemanden besser führen, wenn seine Gefühle in Wallung sind. Derjenige merkt dann gar nicht, wo es hingeht, weil er mit seinen Gefühlen beschäftigt ist, in einem Nebenthema. Das können Sie sich schon mal merken, Herr Domaschk. Für später.“

Matz schaut seinen Gegenüber an. Sein Blick ist hart und geht durch ihn hindurch, wie eine scharfe Säbelspitze.

„Herr Domaschk, dass ist ja nun überstanden. Bleiben Sie ganz ruhig. Lassen Sie sich Zeit. Geben Sie sich Zeit. Also, Auftrag klar, Treffen klar. Ach so, die Notizen. Also Sie sprechen Ihre Informationen auf Band – wir haben da am Friedhof so eine kleine Wohnung – und unsere Sekretärin tippt das ab. Beim nächsten Treffen bringe ich das Papier dann mit und Sie unterschreiben. Für den Anfang ist das gut so, später können Sie selber tippen. Dann steigt auch die Vergütung, weil ja mehr Zeit draufgeht. Ach so, ja, die Vergütung. Also am Anfang ist bei Ihnen die Vergütung Ihre Freiheit. Nach einem Jahr gibt es einhundertundfünfzig Mark im Monat. Ein guter Zuverdienst, wie ich finde. Und Sie können schnell Karriere machen. Zweihundert Mark mehr in der Tasche und das Kommando über die Abteilung. Ist schon ein schönes Gefühl. Sie werden sehen.

Es ist ein schönes Gefühl, wenn es voran geht im Leben. Aber genug geplaudert. Ich muss jetzt. Ihr Wagen wird auch gleich kommen und dann geht's ab, nach Hause, zu Ihrer Frau. Ich hab' meine auch schon vermisst, die ganze Nacht lang. Naja, das hätten wir ja. Machen Sie's gut."

Er reicht Matz die Hand, der zögert, doch dann nimmt er die ausgestreckte und fühlt die fleischige, weiche, warme, feuchte Hand. Er schaut auf die Hände, die sich da begegnen und er versteht nicht, dass eine die seine ist. Er schaut nach oben, blickt seinem Gegenüber mit starrer Miene in die Augen, er fixiert diesen Menschen, als wolle er ihn mit seinem Blick töten. Verachtung, Trauer, Wut, Zorn liegen darin und er denkt daran, dass ein Mensch an den nicht ausgeteilten Hieben stirbt.

„ich freue mich auf ihre kinder. wie alt sind sie? wenn sie auf dem spielplatz spielen, werde ich da sein, immer, es wird kein tag vergehen, an dem ich nicht da sein werde. ich erzähle ihnen alles und ihre kinder werden sie fragen, wenn sie groß sind, was da gewesen war."

Erschrecken, bleiches Entsetzen. Ringen um Fassung. Er war ja doch noch nicht „gestreckt" und sprach mit scharfer Klinge.

„Das wirst du nicht tun, du weißt, was dann passiert. Du hast gehört, wie lange du sitzen wirst. Ich warne dich. Wenn du das tust, dann ..."

Zehn Minuten später ist das Fahrzeug da. Der Wachhabende öffnet die Tür zum Besucherzimmer, um Matthias Domaschk oder „Peter Paul“ zu holen.

Da erfüllt ein lauter Schrei nach Hilfe den Flur. +++

+++ Epilog

Einen Tag später.

„Guten Tag Herr Domaschk. Bitte setzen Sie sich. Mein Name ist Benndorf, Bezirkstaatsanwalt des Bezirkes Gera., mein Kollege, Oberstleutnant Seidel, Ministerium für Staatssicherheit, Bezirksverwaltung Gera.

Ich muss Ihnen leider mitteilen, dass Ihr Sohn, Matthias, gestern Selbstmord begangen hat und möchte Ihnen mein aufrichtiges Beileid übermitteln.

Ihr Sohn hielt sich gestern gegen 14.00 Uhr im Besucherzimmer der Haftanstalt des MfS in Gera auf und wurde dort wenige Minuten vor seiner Nachhausefahrt mittels PKW nach Jena mit seinem Oberhemd stranguliert aufgefunden.“

„Ich verstehe nicht. Selbstmord? Wieso Haftanstalt? Was hat er getan?“
„Ihr Sohn musste am 11.4. verhaftet werden. Er befand sich auf der Fahrt nach Berlin und fiel durch sein negatives Verhal-

ten auf. Er musste von der Transportpolizei von der Weiterfahrt ausgeschlossen werden, um die anderen Fahrgäste nicht zu gefährden. Die Transportpolizei unterrichtete das MfS über den Vorfall und Ihr Sohn wurde gegen 23.00 Uhr in die Haftanstalt in Gera gebracht, wo anschließend eine Befragung gemäß § 95 StPO begann.

„Was heißt das?"

„Herr Domaschk, sie wissen, dass Ihr Sohn Probleme mit seinem Leben hatte. Nicht umsonst musste er die Schule frühzeitig verlassen. Er war ein sehr kritischer Bürger, der aber leider nicht positiv-konstruktiv kritisierte, sondern die sozialisitische Weltanschauung ..."

„Hören Sie auf. Wie ist es passiert? Was haben Sie mit ihm gemacht?"

„Wie gesagt, eine Befragung. In dieser gab er nach anfänglichem Schweigen zu, dass er enge Kontakte zu feindlich negativen Personen in der DDR und im Ausland unterhielt, sich mit ihnen traf und entsprechend der gemeinsam vereinbarten Linie gegen den Staat der DDR handelte. Diese gegnerischen Kräfte haben einen sehr negativen Einfluss, einen starken negativen Einfluss ausgeübt. Ihr Sohn hat umfangreiche Aussagen über die von ihm unterhaltenen Kontakte zu einer negativ-feindlichen Gruppierung in Jena gemacht, die durch eine in

Westberlin ansässige Person geschult, gesteuert und materiell unterstützt wird. Mit dieser Person fanden in der Vergangenheit konspirative Treffen im sozialistischen Ausland statt."

„Was haben Sie gemacht? Wie ist es passiert?"

Ziel dieser Gruppierung ist es, unter Missbrauch der Kirche aktiv negativ-feindliche Handlungen gegen die DDR zu begehen. In der Vergangenheit trat diese Gruppierung schon mehrfach negativ in Erscheinung."

„Was hat er getan?

„Unter anderem beteiligte er sich 1976 an der Biermann – Petition. Er unterschrieb dieses gegen die Politik der SED gerichtete Schreiben."

„Wie ist es passiert?"

„Ihr Sohn wurde in der Zeit vom 11.4.81, 23.00 Uhr bis zum 12.04.81, 14.00 Uhr befragt. Die notwendigen Pausen wurden eingehalten, in denen er etwas aß und trank. Die Befragung verlief in einer ruhigen und sachlichen Atmosphäre. Ohne dass ihm Vorhalte gemacht wurden, erzählte er uns von der erwähnten Gruppierung."

„Was meinen Sie mit ‚Vorhalte'"

„Er hat aus freien Stücken erzählt."

„Was ist dann passiert."

„Es war eindeutig festzustellen, dass bei ihm ein Umdenkungsprozess einsetzte. Er versicherte, sich aus diesem negativ-feindlichen Personenkreis zu lösen. Weiterhin versicherte er, sich in Zukunft von diesem negativ-feindlichen Personenkreis fernzuhalten. Er unterschrieb auch bereitwillig die Erklärung, sich während des X.Parteitages nicht nach Berlin zu begeben und keine strafbaren Handlungen zu begehen."

„Was für strafbare Handlungen? Ist nach Berlin zu fahren eine strafbare Handlung?"

„Ihr Sohn unterhält – unterhielt – sehr enge Kontakte zu feindlich-negativen Personen in der DDR sowie im Ausland, traf sich mit denen geheim, ließ sich instruieren und handelte dementsprechend in staatsfeindlicher Weise. Er war sehr labil und gegnerische Kräfte übten auf ihn einen starken Einfluss aus. Und als wir uns gemeinsam unterhielten, wurde ihm bewusst, was er da tat und es entstand bei uns der Eindruck, dass er Schlussfolgerungen für die weitere Gestaltung seines Lebens gezogen hatte. Deshalb haben wir in Übereinstimmung mit dem Staatsanwalt keine strafprozessualen Maßnahmen eingeleitet, sondern beschlossen, ihn zu belehren und nach Hause zu entlassen."

„Das klingt so harmlos. So unproblematisch. Ich verstehe das nicht. Ich möchte das Vernehmungsprotokoll einsehen."

„Herr Domaschk, dass geht leider nicht. Wir verstehen ja, sie sind geschockt, sie sind in tiefer Trauer. Dennoch möchten wir Sie bitten, die Trauerfeier im engsten Familienkreis so schnell und so früh wie möglich durchzuführen und nicht zuzulassen, dass negative Kräfte aus dem tragischen Vorfall politisches Kapital schlagen. Bitte sehen sie auch von einer Traueranzeige in der Zeitung ab. Auch das könnte ausgenutzt werden."

„Aber ich möchte meinem Sohn einen ehrenvollen Abschied geben. Dazu gehört eine Traueranzeige und dazu gehören die, die an seiner Beerdigung teilnehmen wollen."

„Das verstehen wir. Das ist aber leider nicht möglich."

„Ich möchte Einsicht nehmen in das Vernehmungsprotokoll."
„Wie gesagt, das ist leider nicht möglich. Es sind interne, geheime Dokumente. Darin sind wichtige Informationen enthalten, die nicht nach außen dringen dürfen, weil sie für weitere Ermittlungen gegen die Gefährdung des Staates benötigt werden. Bitte verstehen Sie: Es geht hier um staatsfeindliche Aktionen." +++

Am Abend waren Peter und Richard gekommen. Sie machten sich alle Sorgen. Peter erzählte nicht, dass er Schreie gehört habe, als er rausgeführt wurde aus der Haftanstalt, zum Auto.

Stine wollte zur Post gehen, Matzes Eltern anrufen, fragen, ob sie was wüssten.

Sie zog sich einen Mantel über und wollte gerade gehen, als es an die Tür klopfte.

„Oh, da ist er wohl, Matz, bist du es?“ Sie ging freudig zur Tür, öffnete, da standen zwei Männer in zivil, die aber aussahen wie zwei Polizisten.

„Guten Tag, Frau H., Kriminalpolizei Jena, dürfen wir hereinkommen?“

„Was ist passiert? Sagen Sie mir, was passiert ist?“ Stine ahnte nichts Gutes, weil diese Männer so aussahen.

„Wir würden gerne in Ihrer Wohnung mit Ihnen sprechen.“ Sie gingen rein.

„Bitte setzen Sie sich.“ Stine blieb stehen. „Ihr Freund, Matthias, hat sich gestern das Leben genommen. Er war zu einer Befragung in der Bezirkshaftanstalt Gera. Er sollte nach Hause gefahren werden. Wir brachten ihn in eine Besucherzelle, dort hat er sich mit seinem Hemd erhängt. Wir kamen zu spät. Jede Hilfe kam zu spät.“

Stine wurde bleich. Sie schrie „nein“, immer nur „nein“, sie schluchzte, hielt sich gerade so auf den Beinen. Peter und Richard kamen aus dem Nachbarzimmer, sie hatten alles mitgehört, Peter hielt Stine fest in seinen Armen. Sie schluchzte, schüttelte den Kopf, leise „nein, nein, nein“ ständig wiederholend.

„Ihr habt ihn aufgeknöpft, Ihr Schweine, Ihr habt ihn ermordet.“ - Richard ging die beiden an.

„Beruhigen Sie sich. Warum sollten wir das tun? Es lag nichts vor gegen Ihren Freund, die Befragung war zu Ende, er sollte nach Hause gefahren werden, genau wie sein Freund Peter. Im gleichen Wagen.“

„Ihr lügt. Ihr lügt, wenn ihr das Maul aufmacht. Raus jetzt. Los. Raus.“

Die Männer waren nicht überrascht vom Auftauchen der beiden anderen Männer. Sie sagten: „Wir haben bereits mit den Eltern gesprochen. Bitte wenden Sie sich an sie, wegen der Beerdigung. Wenn Sie Hilfe brauchen, melden Sie sich bitte bei uns.“ Sie gingen hinaus.

Peter und Richard versuchten, Stine zu trösten, ihr beizustehen. Sie konnten es nicht fassen, es war nicht angekommen bei ihnen. Bei Stine war das anders, sie fühlte das wohl in besonderer Weise, weil sie ein Kind von ihm in ihrem Bauch trug, vielleicht deshalb. +++

+++ Der Pastor

Vater und Mutter fuhren zu Pastor Walter. Er lebte und arbeitete auf einem kleinen Dorf. Sie kamen an ein großes Fachwerkhaus.

„Guten Tag. Ich möchte Ihnen mein aufrichtiges Beileid aussprechen." Er ergriff die Hände der Mutter, sie schaute nach unten, nickte und weinte.

„Herr Pastor, sie wissen, ich halte nicht viel vom Glauben und noch weniger von der Kirche. Die Stasi hat uns verboten, eine große Beerdigung mit Trauerrede zu machen. Wir wollen auch keine große Beerdigung, aber eine würdige soll es sein. Meine Frau wünscht sich, dass ein Pastor spricht. Sie kannten ihn. Vielleicht besser als wir."

„Ich kannte ihn, ja, und ich kann mir nicht vorstellen, immer noch nicht vorstellen, dass er Selbstmord begangen haben soll."

„Wie war er? Wie war Matthias bei Ihnen? War er glücklich? Wir haben zu Hause nur gestritten."

„Er war ja nicht gläubig im landläufigen Sinne. Er kam unter das Dach der Kirche, weil er dort Gleichgesinnte treffen konnte, weil er über Themen reden konnte, die ihn beschäftigten. Offen reden konnte.“

„Was waren das für Themen?“

„Was waren das für Themen? Es ging um Freiheit, um Selbstbestimmung, es ging um den Glauben, was das ist und was er bringt. Es ging um Frieden, um echten Frieden, um den Dienst mit der Waffe, um den Wehrdienst, die Armee, um Aufrüstung, Abrüstung, um Menschlichkeit, um Gespräch, um Liebe und Zuwendung, um die Gleichheit aller Menschen vor Gott.“

„Große Themen.“

„Ja, große Themen. Und meistens ging es darum, gemeinsam zu sitzen, zu lesen, zu reden und was zu machen.“

„Sehen sie, ich habe im Krieg mein Bein verloren. Ich war Soldat der Wehrmacht und habe an der Ostfront gekämpft. Ich habe diesen Krieg überstanden, diese Millionen von Toten. Ich bin nicht gestorben. Ich habe diesen Krieg überlebt. Ich habe ein Land mit aufgebaut, das einen solchen Krieg niemals wieder zulassen würde. Ich habe gearbeitet und gearbeitet und wenig geredet. Ich habe den Krieg überlebt.

Und mein Sohn? Mein Sohn stirbt mitten im Frieden. Es rollen keine Panzer, es fliegen keine Bomber, es fahren auf den Meeren keine Zerstörer, es marschieren keine Soldaten gegeneinander – und doch stirbt mein Sohn mitten in diesem Frieden. Er hatte eine Wohnung, er hatte Kleidung, genug zu essen und zu trinken. Er hatte Freunde, eine Freundin, die ein Kind von ihm erwartet, er hatte eine Schwester, er hatte Eltern, die sich um ihn sorgten. Mitten in diesem stirbt er, nimmt sich das Leben. Warum?"

„Ich weiß es nicht, Herr Domaschk. Das können nur die sagen, die ihn zuletzt gesehen haben, die mit ihm sprachen, die ihn verhörten. Und die werden nicht sprechen. Die werden keinen Ton sagen. Oder sie werden lügen."

„Herr Pastor", fragte die Mutter, „wie haben sie ihn erlebt, unseren Jungen? Bei uns war er nicht mehr oft."

„Wie habe ich ihn erlebt? Er war sehr offenherzig, freundlich, wissbegierig, kritisch und hilfsbereit. Sie hatten einen sehr guten Jungen, einen Jungen, der stets seinen Horizont erweitern wollte, der jedes gute Buch verschlungen hat und darüber sprechen wollte. Er war eine Bereicherung für alle, die ihn kannten. Bescheiden, verlässlich. Ja, all das trifft zu. Und er war sehr feinfühlig, sensibel, er spürte, was zwischen den Worten stand, zwischen Menschen. Nicht nur zwischen Worten, sondern in ihnen und mit ihnen – er spürte, wie jemand sprach, wie er betonte, wie er den Körper hielt dabei, er merkte, wenn jemand redete um des Redens willen oder weil es ihm wirklich wichtig war."

„Ja, so war er. Da haben Sie ganz recht. War er auch mal zornig?"

„Nein, ich habe ihn nicht zornig erlebt. Er fühlte sich ja wohl, aufgehoben, geborgen, angenommen – da musste er nicht zornig werden.

„Ja, da haben Sie Recht. Würden Sie wohl, könnten Sie am Grab etwas sagen, auch wenn er ein Selbstmörder ist."

„Er ist kein Selbstmörder. Ich werde gerne etwas sagen, wenn Sie das möchten. Wann soll denn die Beerdigung sein?"

„In drei Tagen. Keiner soll das wissen."

„Sagen die?" (Nicken).

„Nun erzählen Sie mir noch etwas von ihrem Sohn."

„Also er war der Zweite, eigentlich der Dritte, aber seine Schwester starb mit fünf Jahren. Sie war zehn Jahre älter als Matz und starb mit fünf Jahren. Seine andere Schwester ist sieben Jahre älter als er. Das ist sehr viel. Sie hatten nicht viel miteinander zu tun. Er war ein aufgeweckter Junge, ging in den Kindergarten, in die Schule, war Pionier, wie alle anderen auch. Er segelte gern. In den Ferien waren wir meist in Polen, haben dort Urlaub gemacht. Und er war, wie sie sagten. Also als kleiner, da merkte man das noch nicht alles. Es änderte sich, als wir nach Jena zogen. Er hatte keine Freude an der Schule, wenig Freunde und zog sich sehr zurück. Er fand dann Freunde in der Jungen Gemeinde. Er wurde konfirmiert, wollte Berufsausbildung mit Abi machen, wurde kurz vor den Prüfungen rausgeworfen. Das kennen Sie ja. Er war ein Dickschädel, manchmal. Ja und in diesen Jahren haben wir uns oft zu Hause gestritten. Wegen der Politik. Wegen der Haare. Wegen der Freunde, wegen seines Lebenswandels. Immer unterwegs mit diesen Gammlern, wo sollte das denn hinführen. Naja, und nun ist alles vorbei ... Sie haben viel Schönes gesagt über ihn, mehr kann ich auch nicht sagen. Er ist als Kind immer gern mit auf den Friedhof gekommen, hat am Grab seiner Schwester geharkt. Ach ja, er hat gern Schlagzeug gespielt und Mundharmonika. Zu Hause konnte er das ja nicht, die Wände sind einfach zu dünn. Und gelesen hat er, gelesen und gelesen. Und den Fasching organisiert. Stellen Sie sich vor, er hat den Fasching in der Gemeinde organisiert. Er mochte es zu feiern."

„Ja, feiern, aber arbeiten weniger. Schlimm waren die langen Haare, diese Klamotten und du bist schuld, dass er in diese ganzen Kreise reingekommen ist, diese Kirchenleute, die ihm den Kopf verdreht haben. Die sind doch alle Schuld daran, dass er jetzt nicht mehr ist. Immer hat er Schwierigkeiten gemacht, immer nur Schwierigkeiten."

„Junge Menschen, die Schwierigkeiten machen, haben Schwierigkeiten. Herr Domaschk, was fanden Sie denn gut an Ihrem Sohn, was liebten Sie an ihm?"

Sie blickten sich an, dann senkte der Vater den Blick, weinte leise, Tränen rannen herab. Er drehte sich zum Fenster und schluchzte. „Gut fand ich, dass er Ingenieur werden wollte. Und dass er eine Berufsausbildung mit Abitur machte. Mein Sohn, mein guter Sohn, ich weiß auch nicht, warum muss das denn so sein. Er ist doch ein guter Junge, ein guter Junge eigentlich. Was ich an ihm liebte? Als er klein war, da konnten wir gut zusammen spielen und bauen, das mochte ich besonders und ... ja ... wenn er mich als kleiner Junge umarmte. So ganz fest." +++

+++ Der Abschied

Viele, viele Menschen kamen zur Beerdigung. Seine Eltern Gerhard und Ruth, seine Schwester Stefanie. Stine. Richard. Peter. Viele Menschen mehr, bekannte, unbekannte. Und die vielen schwarzen Mäntel. Auf dem ganzen Friedhof verteilt standen sie. Viele davon sicher auch in zivil.

Zuerst spielte Musik in der Kapelle: I wish you where here. Pastor Walter hielt die Rede. Ein weiser, guter Mensch, so gerne hatte Matz mit ihm geredet, so gerne in seinen offenen grauen Augen verweilt, die unter seinem wirren Haar ruhig in seine Seele schauten.

„Liebe Trauergemeinde, liebe Angehörige, Freunde, Bekannte,

Selig sind die Sanftmütigen, denn sie werden das Erdreich besitzen. Wir trauern um Matthias, von seinen Freunden Matz genannt. Er wurde nur 23 Jahre alt. Ein sanftmütiger junger Mann, hilsbereit und freundlich zu allen, die er kannte. Ja, so sanftmütig und friedfertig. Er konnte keinem etwas zu leide tun, seine Augen, sein Blick, seine Stimme, seine Worte, seine Taten – sie waren ohne Gewalt, wenn auch manchmal trotzig, eigensinnig.

Selig sind die Friedfertigen, denn sie werden Gottes Kinder heißen. Gottes Kinder seid ihr alle für mich, auch wenn viele nicht an Gott glauben. Auch nicht du, Matthias. Du kamst oft zu mir um zu reden, dich auszusprechen, deine Sorgen und Ängste loszuwerden. Vielleicht mochtest du das Vertrauen und die Kraft, die da im Raume waren – weil ich ein Pastor, ein Glaubender, einer war für dich, dem du etwas anvertrauen konntest. I wish you where here.

Selig sind, die da hungert und dürstet nach der Gerechtigkeit, denn sie sollen satt werden. Ja, satt wolltest du werden, satt am Tisch der Gerechtigkeit, denn gerecht war es nicht, wie es zuging in deinem Leben. Der Tisch der Gerechtigkeit war gedeckt mit Tellern und Gläsern, geschmückt mit Blumen. Du wolltest selber kochen, selbst bestimmen, was da auf den Tisch kommt und wolltest deinen eigenen Trinkspruch sagen zu denen, die deine Freunde waren. Bis der Tisch dir genommen wurde, bis du nicht mehr an ihm sitzen durftest, bis du an einem Tisch sitzen musstest, den nur andere als den Tisch der Gerechtigkeit bezeichneten. Nicht jedoch du. Und da musstest du vergiftetes Brot essen und verdorbenen Wein trinken - ob du wolltest oder nicht. I wish you where here.

Selig sind, die um der Gerechtigkeit willen verfolgt werden, denn das Himmelreich ist ihr. Dein ist das Himmelreich, Matthias, auch wenn du nicht glaubtest, dass es dieses gäbe.
Du wurdest verfolgt und kamst ums Leben im Gefängnis des Geheimdienstes. Man sagt, du habest dich erhängt. Du habest dir das Leben genommen. Auf keinen Fall hast du dir das Leben genommen.

Liebe Eltern, liebe Schwester, liebe Stine, liebe Freunde Matzes - ihr seid alle sehr wichtig in seinem Leben gewesen. Ihr habt ihm das Leben gegeben, habt ihn großgezogen, habt ihn umsorgt; ihr habt ihm Werte vermittelt, habt mit ihm geredet, gestritten, gelacht und geweint - und nun ist er nicht mehr unter uns. Da ist große Trauer, aber auch große Wut: denn er hätte nicht sterben müssen. wäre er nicht einsam und verlassen an diesen Ort gekommen, er wäre noch unter uns. Ja, einsam und verlassen an diesen gottlosen Ort ... gibt es einen gottlosen Ort? Ich bin überzeugt, dass Gott überall ist, an jedem Ort, in jedem Menschen. Matthias, du hast nicht so fest an Gott geglaubt und warst doch gläubig - du glaubtest an Freiheit, an Menschlichkeit, an Gutheit, an ein Miteinander, an einen Austausch der Menschen und an Veränderung. Daran glaubtest du und du weißt - für mich trifft sich das alles in Gott. Ich weiß, Matthias, du würdest es so nicht nennen.
Selig sind, die da Leid tragen, denn sie sollen getröstet werden. Kann es Trost geben?

Liebe Eltern, sie verlieren einen guten Sohn, wie man sich einen Sohn nicht besser vorstellen kann. Sie, Herr Domaschk, sagten mir, dass Sie ihn schon vorher verloren hätten und Ihnen das sehr leid tue. Die Politik vergiftete ihre Beziehung, die Ideologie, die auch nicht vor dem Familienleben halt macht, weil sie eine Lebensweise vorschreibt, von der abzuweichen mit gesellschaftlichem Ausschluss verbunden ist. Matthias hatte lange Haare. Er sagte, was er dachte. Er wollte leben, was er für gut und richtig hielt. Das ist doch alles völlig normal und doch in unseren Tagen eben nicht. Sie sollen getröstet werden, auch wenn es für Sie jetzt scheinbar keinen Trost geben kann. Matthias war ein guter Sohn, er hat Sie geliebt, nur konnte er nicht die Gerechtigkeit fahren lassen, die er suchte. We wish you where here.

Selig seid ihr, wenn euch die Menschen um meinetwillen schmähen und verfolgen und reden allerlei Übles wider euch, so sie daran lügen. Jesus hat das erlebt, Matz hat das erlebt und ihr erlebt es. Bleibt stark, wie Matz stark geblieben ist: Ich nehme ihn mir zum Vorbild. Und vor allem: Lasst euch nichts erzählen – er war ein guter Sohn und Matz, du wärst auch ein guter Vater geworden, ein guter Ehemann in diesem Sommer. Was haben sie uns genommen? Einen Sohn, einen Vater, einen Geliebten, einen Freund. We wish you where here.
Denn dass sich keiner allein das Leben nimmt, sondern die Tat von vielen und einem geschrieben wird, das ist offensichtlich.
Selig seist du, Matthias.
Seid fröhlich und getrost; es wird euch im Himmelreich wohl

belohnt werden. Denn also haben sie verfolgt die Propheten, die vor euch gewesen sind. Viele von euch glauben nicht daran, was ich sage, finden es vielleicht sogar fehl am Platze: fröhlich und getrost. Aber was würde Matz wollen? Der Matz, der nicht einsam und allein von der Welt getrennt wird, dem der Schlaf entzogen wird bis zur Bewusstlosigkeit, der mit Fragen in die Enge getrieben wird und viel zu gut ist für die, die für eine gute Sache zu kämpfen meinen und dabei Menschenleben zerstören? Matthias würde wollen, dass wir um ihn trauern, aber auch, dass wir fröhlich und getrost sind und den Tisch decken, den Tisch der Gerechtigkeit, gemeinsam ein Mahl zubereiten, gemeinsam am Tisch sitzen und auf die Liebe und die Freiheit anstoßen.

Ich glaube, das hätte er gewollt. Nun lasst uns gemeinsam von ihm Abschied nehmen."

Es war sehr ruhig. Es fühlte sich gut an. Fühlte sich echt an. Das war gut Walter, die Bergpredigt. Die mochte Matz immer.

Danach ging Christos nach vorn.

„lieber matz,

was ich hier sage, ist alles kleingeschrieben – nur dass du es weißt. freundlichkeit ist manchmal echt und manchmal eine maske, hinter der sich ein verbrecher verbirgt. alle menschen sind anders als sie scheinen. mein freund, du wolltest echt sein, nein, du warst echt, du warst ein feiner kerl ... wo bist du? unter uns? über uns? es ist schön, von freunden umgeben zu sein. es ist tröstlich und ich möchte euch alle umarmen. matz war ein guter freund und er mochte es, wenn ich gedichte rezitiert habe. das ist für dich matz, von unserm hölder:

„mit gelben birnen hänget und voll mit wilden rosen das land in den see, ihr holden schwäne und trunken von küssen tunkt ihr das haupt ins heilignüchterne wasser. weh mir, wo nehm ich, wenn es winter ist, die blumen? und wo den sonnenschein und schatten der erde? die mauern stehen sprachlos und kalt. im winde klirren die fahnen."

Christos letzte Worte

„leb' wohl, mein freund, einen guten weg für dich. gott hält dich in seiner hand. leb' wohl, mein freund, mein herz ist bei dir. wenn ich sehe, wie du jetzt fortgehst, ist mein herz voll schmerz. mein herz ist voll schmerz. ich halte dich, auch wenn du gehst, du lebst in meinem herzen, mein freund, du bist bei mir."

Seine Freunde blieben. Christos hatte eine Idee:

„Hey, bleibt hier Leute, lasst uns alle am Grab sitzen und schweigen, wir müssen gemeinsam schweigen und uns festhalten, damit wir nicht an unseren tränen ertrinken."

So setzten sie sich in einem Kreis um das Grab und schwiegen. Stine und Peter und Richard und viele andere. Sie weinten. Manche laut, manche stumm. Stine war bleich und sagte kein Wort, weinte still in vielen Tränen. +++

+++ Beförderungen

Leutnant Peißker, Vernehmungsleiter, wird zum Oberleutnant befördert und Leiter der Abteilung.

Oberstleutnant Günther Horn, Veteran und Leiter des Vorgangs „Politischer Brennpunkt Jena“, wird mit dem „Kampforden für Verdienste um Volk und Vaterland in Gold“ ausgezeichnet.

Hauptmann Köhler, verantwortlich für die Beschattung von Matthias Domaschk und die Anwerbung im Verhör wird befördert zum Major, erhält eine Prämie und wechselt in das Hauptquartier der politischen Geheimpolizei nach Berlin.

Oberleutnant Seidel, Vernehmer von Peter Rösch, erhält die „Verdienstmedaille der NVA in Gold“, weil es ihm gelang, dass „drei operative Personenkontrollen liquidiert wurden“.

Literatur- und Quellenverzeichnis

Quellenverzeichnis

Akten der Staatssicherheit aus den Beständen der BStU:

- Archiv der Zentralstelle. MfS – HA XX. Nr. 18092
- Archiv der Zentralstelle. MfS ZAIG. Nr. 11302
- Archiv der Außenstelle Gera. MfS BV Gera. Ref. XII/Archiv. Allg.P. 1097/81 (Stasiakte von Matthias Domaschk)
- Archiv der Außenstelle Gera. MfS BV Gera. AU 1437/77 1 (Bd.I)
- Archiv der Außenstelle Gera. MfS BV Gera. AU 1437/77 2 (Bd.II)
- Archiv der Außenstelle Gera. MfS BV Gera. Archiv Nr. 740/77 Bd. II-IV

- Archiv der Außenstelle Gera. MfS BV Gera. Archiv Nr. 449 /84 Bd.I

- Archiv der Außenstelle Rostock. MfS BV Rostock. AKG 561

- Archiv der Außenstelle Rostock. MfS BV Rostock. AIM 4078/90 Bd. I

- Archiv der Außenstelle Rostock. MfS BV Rostock. AIM 1531/81 Bd. I

- Archiv der Außenstelle Rostock. MfS BV Rostock. AGMS 1464/90 Bd. I

- Archiv der Außenstelle Rostock. MfS BV Rostock. AIM 1991/88 Bd. I

- Archiv der Außenstelle Rostock. MfS BV Rostock. ZPDB R 082025774

- Archiv der Außenstelle Rostock. MfS BV Rostock. ZPDB R 082025766

weitere Quellen:

- Zick, Heinfried (Oberstleutnant): Die Organisation der inoffiziellen Arbeit unter Jugendlichen und Jungerwachsenen unter besonderer Berücksichtigung der Jugendlichen unter 18 Jahren. Fachschulabschlussarbeit an der Juristischen Hochschule Potsdam des Ministeriums für Staatssicherheit. Potsdam 1976

- Staigies, Artur (Hauptmann): Die Gewinnung von Jugendlichen im Alter von 14 – 18 Jahren für die inoffizielle Zusammenarbeit mit den Diensteinheiten des Ministeriums für Staatssicherheit. Diplomarbeit an der Juristischen Hochschule des Ministeriums für Staatssicherheit Potsdam. Potsdam 1972

- Strafrecht der Deutschen Demokratischen Republik. Kommentar zum Strafgesetzbuch. Staatsverlag der DDR. Berlin 1981

- Verfassung der DDR und Jugendgesetz. Staatsverlag der DDR. Berlin 1981

Literaturverzeichnis

- Batz, J. / Klause, M.O. (Redaktion): Matthias Domaschk. Herausgegeben von der Gedenkstätte Amthordurchgang e.V. Gera 2012

- Behnke, K. / Fuchs, J. (Hrsg.): Zersetzung der Seele. Psychologie und Psychiatrie im Dienste der Stasi.Europäische Verlagsanstalt. Hamburg / Leipzig 2010

- Bürgerkomitee zur Auflösung des ehemaligen MfS / AfNS (Hrsg.): „ … es ist fest in mir eingebrannt". Berichte politisch Inhaftierter. Benshausen 1990

- Ellmenreich, R.: Matthias Domaschk. Die Geschichte eines politischen Verbrechens in der DDR und die Schwierigkeiten, dasselbe aufzuklären. Herausgegeben vom Landesbeauftragten des Freistaates Thüringen für die Unterlagen des Staatssicherheitsdienstes der ehemaligen DDR. 2. erw. Auflage. Erfurt 1998

- Fuchs, J.: Das Ende einer Feigheit. Hörbuch. Hamburg 2010

- Fuchs, J.: Vernehmungsprotokolle. 1. Auflage. Berlin 2009

- Gieseke, J.: Die DDR-Staatssicherheit. Schild und Schwert der Partei. Bundeszentrale für politische Bildung. Bonn 2001

- HORCH UND GUCK. Historisch-literarische Zeitschrift des Bürgerkomitees „15. Januar“ e.V. Sonderheft 1/2003. Berlin 2003

- Huisinga, Ralf: Roland Jahn und die Friedensgemeinschaft in Jena. Nicht schweigen, sondern die Öffentlichkeit suchen! Studienarbeit. Jena 2006

- Klause, M.O.: Gesicht zur Wand: Die Untersuchungshaftanstalt des Ministeriums für Staatssicherheit in Gera. Herausgegeben von der Gedenkstätte Amthordurchgang e.V. Gera 2014

- Klier, Freya: Matthias Domaschk und der Jenaer Widerstand. Herausgegeben vom Bürgerbüro Berlin e.V. Erste Auflage. Berlin 2007

- Pietzsch, Henning: Matthias Domaschk 2.0. Suizid oder Mord in Stasi-Haft 81? Erfurt 2019

- Scheer, Udo: Vision und Wirklichkeit. Die Opposition in Jena in den siebziger und achtziger Jahren. Berlin 1999

- Suckut, Siegfried (Hrsg.): Das Wörterbuch der Staatssicherheit. Definitionen zur „politisch-operativen Arbeit“. Berlin 2001

mein herzlicher Dank geht an:

Jan-Peter, der mich ermutigt hat, zu schreiben – ich hoffe, dass wir demnächst etwas gemeinsam machen;

Roland Jahn, der mich ermutigte, dieses Buch zu schreiben und mit mir in Gesprächen Richtung und Tiefe ausgelotet hat;

die Mitarbeiterinnen der BStU Gera und des Matthias-Domaschk-Archivs in Jena;

Frau Megow, Heidrun, Mark, Jakob, Elke und Micha, Johannes, Beate, Annette und Christine, die das Manuskript gelesen, mir Feedback und Tipps gegeben haben;

Caroline, die immer nachgefragt, Kontakte vermittelt und sich auf das fertige Buch gefreut hat.

+++ Nachwort

Nein, so war es nicht. Aber es ist trotzdem alles wahr.

Wir haben so gelebt. Und die Stasi war so böse. Und die Politik in der ddr war so verklemmt und verbissen – und viele, zu viele haben das mitgemacht.

Aber es gab uns, es gab die, die sich gegen die Enge und Beschränktheit aufgelehnt haben, die ein weites Herz und einen mutigen Verstand hatten. Immer wieder sollten wir dafür bestraft werden, mussten es hinnehmen oder uns wehren.

Freundschaft half uns, Wut in Mut zu verwandeln, Liebe weckte die Fähigkeit zu vertrauen und die Kinder ermächtigten uns, an eine bessere Zukunft zu glauben und dafür zu kämpfen.

Mit den Worten von Gretchen Dutschke möchte ich sagen – „auch wir hatten ein barbarisch schönes Leben“.

Und wir haben gewonnen. Die ddr gibt es nicht mehr – uns schon noch.

Die Visionen von einer freien und gerechten Welt, die uns damals geleitet haben – sie mögen für nächste Generationen Ansporn und Bestätigung werden.

Und matz - mit allem wofür er gelebt und gekämpft hat - ist mitten unter uns.

Danke Tino Strempel für das wunderschöne Andenken, das Du ihm gesetzt hast.

Renate Ellmenreich

FSC
www.fsc.org
MIX
Papier aus verantwortungsvollen Quellen
Paper from responsible sources
FSC® C141904

Druck:
Customized Business Services GmbH
im Auftrag der
KNV Zeitfracht GmbH
Ein Unternehmen der Zeitfracht - Gruppe
Ferdinand-Jühlke-Str. 7
99095 Erfurt